LE MONDE

DU MYSTÈRE

SORCELLERIE

Magie blanche
ou Magie noire

EDITIONS ATLAS

Édité par :
France – ÉDITIONS ATLAS
89, rue La Boétie, 75008 Paris.

Belgique – ÉDITIONS ATLEN s.a.
avenue Georges-Rodenbach, 4
1030 Bruxelles.

Cet ouvrage est une édition partielle de l'encyclopédie
INEXPLIQUÉ
Le monde de l'étrange, de l'insolite et du mystère.

Photo couverture : Van Poucke – **Musée de la Sorcellerie de Concressault (Cher).**
Réalisation de la couverture : BLUE UP.
Photocomposition : Touraine Compo, Tours.

Dépôt légal : février 1996.
Imprimé en C.E.E.

ISBN : 2-7312-1942-4

Sommaire

FAUT-IL CROIRE A LA SORCELLERIE ?

Le mauvais sort est universellement redouté. Les terribles effets qu'il est censé déchaîner – accidents, maladies, voire mystérieux trépas... – ne sont-ils que pures coïncidences ? Agit-il effectivement ? Et certaines forces maléfiques peuvent-elles être manipulées par des magiciens noirs qui en possèdent le dangereux secret ?

En termes de sorcellerie pratique, un « sort » est une invocation mauvaise prononcée contre quelqu'un ou quelque chose. Il dépend du pouvoir de projection du sorcier, du magicien ou du chaman. Mais un prêtre peut aussi le lancer, de même qu'en général toute personne en connaissant la formule. Le profane, toutefois, le fera à ses risques et périls, car il existe un terrible choc en retour qui menace celui qui ne sait pas le maîtriser.

Notre logique rationaliste occidentale a du mal à admettre qu'une telle opération puisse être efficace. Elle l'est pourtant dans les faits, et de redoutable manière.

On a essayé d'apporter de nombreuses explications « scientifiques » à cette réalité magique du mauvais sort. Certains parapsychologues modernes pensent que son auteur contrôle empiriquement des énergies inconnues qui relèvent de ces fameuses facultés paranormales dont on a entrepris une étude de plus en plus systématique depuis quelques décennies. D'autres chercheurs, comme, par exemple, le docteur Sandford Cohen, qui a consacré de nombreux travaux sur le terrain à cet épineux problème, estiment que tout est affaire d'autosuggestion. Le primitif est victime du mauvais sort lancé par le sorcier, de la même manière que l'Occidental finit par succomber à certaines maladies pour la simple raison qu'on l'a persuadé qu'elles sont incurables : par exemple, le cancer.

On peut être sceptique et, malgré tout, ne pas échapper au maléfice. Robert Heinl Jr., un ancien colonel de la marine américaine, constitue un bon exemple en la matière. Il servit à Haïti (l'île du vaudou) entre 1958 et 1963. Sa femme profita du séjour pour étudier le folklore et la magie de la fameuse île aux zombies...

De retour aux États-Unis, ils écrivirent un livre, *Written in Blood* (Écrit avec du sang), qui critiquait férocement le régime de « Papa Doc » Duvalier. Un journal publié par des Haïtiens en exil leur apprit que l'ouvrage avait fait l'objet d'un mauvais sort de la part des sorciers au pouvoir dans l'île. L'information les fit sourire et ne les inquiéta pas un seul instant.

Or, le manuscrit se perdit à la poste lorsqu'ils l'envoyèrent à leur éditeur. Une deuxième copie parvint à une mauvaise adresse. Ils retapèrent leur texte, mais la machine à écrire se détraqua dès les premières pages. Un journaliste du *Washington Post* qui devait les interviewer fut victime d'une crise d'appendicite aiguë. Le colonel se cassa une jambe en voulant faire une conférence sur leur expérience haïtienne. Il fut ensuite mordu par un chien enragé. Et comme ils avaient décidé, malgré tout cela, de reprendre quelques vacances dans une île proche d'Haïti, le militaire en retraite mourut subitement d'une attaque...

La magie noire n'a pas l'apanage du mauvais sort. On ignore souvent que les grandes religions révélées le pratiquent aussi, bien qu'avec beaucoup plus de discrétion. En septembre 1981, par exemple, le rabbi Moshe Hirsch, chef religieux d'une secte hébraïque orthodoxe, eut recours à la malédiction dite « Sceptre de Feu » contre un archéologue, le docteur israélien Yigal Shilo, qui s'entêtait à vouloir découvrir la cité biblique du roi David et, pour cela, profanait un vieux cimetière, aux dires du rabbin.

Le Sceptre de Feu est un rituel qui fait appel aux formules secrètes de la redoutable cabale. On brûle des chandelles de suif noir, on prononce de terribles formules et l'on tue la victime à distance en utilisant magiquement le nom de sa mère. « C'est la cérémonie maléfique du dernier recours », assurent les spécialistes. Son efficacité est prodigieuse et elle ne laisse aucune chance à celui ou à ceux qu'elle vise. Yigal Shilo s'en aperçut à ses dépens.

En règle générale, dans quelque tradition que ce soit, il ne faut pas déranger les morts ou les vieilles pierres. Un mauvais sort s'attache toujours aux profanateurs. Les archéologues qui ont visité la tombe de Toutânkhamon ont payé de leur vie cette entreprise.

En 1980, on décida de transporter un bloc de pierre de 30 tonnes depuis un lieu appelé Les Billes du Diable jusqu'au parc municipal de Tennant Creek, en Australie. Les aborigènes content d'étranges légendes sur ce champ de rochers aux formes bizarres et inquiétantes : ces blocs auraient été érigés par les dieux avant l'arrivée des hommes sur la Terre. Il n'est pas question d'y porter la main sans encourir la formidable vengeance des anciens bâtisseurs de ce champ maudit.

Tous les maux s'abattirent sur la région après que l'on eut transporté de la sorte l'énorme rocher. Les enfants souffrirent d'une mauvaise épidémie qui s'avéra plusieurs fois mortelle. Des adultes trépassèrent de maladies mystérieuses. Les récoltes et l'industrie même périclitèrent sans raison... Au point que la municipalité de Tennant Creek finit par accorder foi à la sinistre légende et ordonna que l'on remette à sa place la pierre fatidique. De ce jour, tous les malheurs cessèrent. La santé et la prospérité revinrent dans la petite ville. Cependant, dans les environs, les indigènes attendent le moment de la revanche, lorsque les Blancs seront chassés d'Australie.

Mais intéressons-nous à Hawaï, où sévissent plus que partout ailleurs maléfices et sorcelleries secrètes en tous genres.

Une tradition locale veut qu'une terrible déesse, Pelé, règne sur le volcan sacré de Mauna Loa. Pendant l'été de l'année 1977, le vice-président d'une compagnie d'aviation, Ralph Loffert, de Buffalo, y vint en villégiature avec son épouse et ses quatre enfants. En dépit des avertissements des autochtones, ils ramassèrent quelques pierres, comme souvenirs, près du cratère. Aucun d'entre eux ne prêtait la moindre attention aux malédictions qui planent soi-disant sur les profanateurs des lieux. Or, dans les mois qui suivirent leur rentrée aux États-Unis, la malchance s'acharna sur les Loffert. Leur fils Todd, en moins de trois mois, fut opéré de l'appendicite dans de très mauvaises conditions, se cassa un genou et un poignet, et l'on dut recourir, pour le remettre en état, à plusieurs opérations chirurgicales des plus délicates.

Coïncidence ? Cela aurait pu être le cas si leur autre fils, Mark, n'avait eu un accident à la hanche et un bras cassé dans le même temps. Dan, le troisième enfant, souffrit d'une mauvaise infection à l'œil et il fallut aussi l'hospitaliser. Leur fille, Rebecca, se cassa deux dents lors d'une chute…

On se souvint alors de la malédiction, et, en juillet 1978, les Loffert renvoyèrent les fameuses pierres à un ami résidant à Hawaï en lui recommandant d'aller les replacer à proximité du cratère du volcan maudit qui leur avait fait tant de mal.

Mais les malheurs continuèrent. Mark se blessa de nouveau au genou. Rebecca se cassa trois dents de plus. Dan se brisa cette fois une main. Todd eut une nouvelle fracture au poignet, puis une deuxième, très difficile à réduire, au coude.

L'un des enfants confessa alors qu'il avait gardé en secret quelques cailloux du volcan. On les renvoya. Et la famille Loffert put enfin couler à nouveau des jours heureux.

Les roches du Mauna Loa portent décidément malchance quand on les retire de leur contexte sacré et maléfique. D'autres imprudents l'ont appris à leurs dépens.

Une certaine Mrs. Allison Raymond d'Ontario, au Canada, par exemple… Après qu'elle eut rapporté des pierres fatidiques de la montagne hawaïenne, son mari se tua dans un accident de voiture et sa mère mourut d'un cancer. Son plus jeune fils fut hospitalisé pour une maladie incurable du pancréas, et il se cassa une jambe en prime. Sa fille vit son ménage se dégrader. Quand elle eut renvoyé les cailloux, la chance sourit à nouveau à toute la famille.

La documentation des spécialistes fourmille d'histoires de ce genre à propos du Mauna Loa. D'autres lieux mystérieux de notre planète attirent de la sorte le malheur, et souvent la mort, sur ceux qui violent le tabou qui s'y rattache. Parfois, c'est à une famille entière que se rapporte le sort fatidique. On sait cela depuis la plus haute Antiquité. Ainsi, dans la mythologie grecque, Hermès usa de magie meurtrière pour punir toute la maison d'Atrée, qui avait tué son fils pour une femme. Atrée exécuta ce fils par mégarde. Agamemnon, son descendant, fut assassiné par sa femme et l'amant de cette dernière. L'infidèle fut à son tour mise à mort par ses propres enfants…

Certains individus, doués de pouvoirs magiques ou possesseurs d'antiques secrets, sont capables de jeter un sort ou de s'en défendre. On dit par exemple que Jayne Mansfield, la célèbre star hollywoodienne qui a fait rêver tant d'hommes, n'est pas morte « naturellement » dans un accident d'automobile. Elle aurait été victime d'une malédiction lancée contre elle par un de ses anciens amis, le célèbre Anton La Vey, qui est aujourd'hui le pape mondial d'une étrange secte : l'Église universelle de Satan.

Le magicien Aleister Crowley, celui que l'on a appelé la « Bête » à cause de ses noires entreprises et qui a longtemps défié la chronique internationale, était fameux pour les sorts qu'il jetait à ses ennemis. Certains furent d'une meurtrière efficacité. Les victimes moururent dans d'atroces tourments. Mais d'autres demeurèrent sans effet. Il prédit, par exemple, la mort de l'écrivain et producteur de radio britannique Sieveking pour ses quarante-cinq ans. L'heureux homme atteignit soixante-quinze printemps sans ressentir le moins du monde la magie dévastatrice du sorcier...

Ce qui prouve que l'on peut combattre le mauvais sort et la malédiction, aussi réels soient-ils. Toute manipulation maléfique des forces aveugles du paranormal a sa parade, et elle est parfois plus simple qu'on ne l'imagine.

Il est de terribles malédictions, aussi meurtrières qu'inexplicables, qui s'attachent à des personnes ou à des lieux donnés. On a beau se refuser d'y croire, elles frappent avec une fatalité confondante. A quelles étranges forces du paranormal obéissent-elles ? Et pourquoi certaines personnes ont-elles le mystérieux pouvoir de les provoquer impunément ? Pourquoi le mauvais sort s'acharne-t-il sur certaines familles ?

Pendant quatre cents ans, la lignée des Haanappel, de Doesburg, en Hollande, a été victime d'une curieuse malformation. Six mois après sa naissance, n'importe quel membre de la famille voyait les paumes de ses mains se pigmenter d'un noir sombre qu'aucun traitement n'est jamais parvenu à supprimer.

On a beaucoup commenté le phénomène. Certains y voyaient une marque diabolique. Les Haanappel se seraient jadis enrichis en recourant à des techniques interdites de magie criminelle. Les scientifiques, eux, ont parlé d'une anomalie génétique. Cela n'explique rien, puisque, dès qu'un Haanappel se mariait en dehors de la tribu, au bout de deux générations, les mains de ses descendants redevenaient normales. Si vraiment elle était d'origine purement génétique, on devrait pouvoir aujourd'hui détecter la cause de la malédiction. Or, toutes les analyses n'ont mené à rien.

Il existe une belle légende dans la famille. Un aïeul aurait, au péril de sa vie, sauvé une église d'un incendie en sonnant les cloches. Dieu le bénit pour cette bonne action en accordant la fortune aux Haanappel. Mais le Diable se vengea. Il leur noircit les paumes jusqu'à la soixante-dix-septième génération !

Étrange malédiction aussi que celle qui s'abat depuis plusieurs décennies sur la célèbre famille Guinness, propriétaire des bières du même nom que l'on connaît dans le monde entier.

En 1978, les Guinness eurent à déplorer quatre morts violentes parmi les leurs, en quelques mois seulement : au mois de mai, Lady Henrietta Guinness s'est jetée du haut d'un aqueduc à Spolete, en Italie ; en juin de la même année, une autre héritière du nom s'est noyée dans son bain en essayant de s'injecter une forte dose d'héroïne ; le même mois, Dennys Guinness est trouvé mort dans le Hampshire, avec une boîte de barbituriques vide à ses côtés ; en août, John Guinness survit à un grave accident de voiture dans le Norfolk, mais son fils de quatre ans est tué sur le coup et un autre de ses enfants est gravement blessé.

Rappeler toutes les morts tragiques qui ont affecté cette famille demanderait plusieurs pages. La dernière série de ces mystérieux accidents a commencé en 1966 avec le décès de Tara Browne, le jeune homme qui devait hériter de toute la fortune des célèbres brasseurs…

Le même mauvais sort paraît s'acharner sur les présidents américains élus au cours d'une année se terminant par zéro. Depuis 1840, aucun d'eux n'est parvenu à terminer normalement son mandat, et beaucoup sont morts de mort violente : une pneumonie a emporté William H. Harrison, élu en 1840 ; Lincoln (1860), Garfield (1880), McKinley (dont le second mandat a débuté en 1900) et Kennedy (1960) ont péri assassinés ; Harding (1920) succomba à une crise cardiaque ; Roosevelt (1940) mourut de la polio, et Reagan, élu en 1980, a bien failli ne pas se relever de l'attentat dont il a été victime.

Il semble même y avoir des musiques maléfiques. On songe à une aria de l'opéra d'Halévy intitulé *Charles VI.* C'est l'un des morceaux de bravoure de l'œuvre, et le premier vers en est : « Oh ! Dieu ! Écrasez-le ! », cette formule étant chantée par le héros à l'attention du traître de l'intrigue.

L'opéra fut donné pour la première fois en 1852. Le ténor Maffiani, l'un des plus grands noms lyriques du siècle dernier, entonna l'aria sous les ovations du public quand… une poutre qui se détacha de la machinerie écrasa effectivement l'acteur qui jouait le rôle fatidique !

Le lendemain, toute la presse parlait de l'aria maudite, mais on aurait encore pu croire à une coïncidence. Cependant, le soir même, un autre membre de la troupe fut tué au même moment de la pièce, après qu'aient été chantés, toujours par Maffiani, les mots fatidiques. L'accident se reproduisit plusieurs fois et, désespéré, le grand ténor finit lui aussi par mourir d'une crise cardiaque.

On fit interdire *Charles VI.* Napoléon III, qui ne croyait pas à la malédiction, demanda qu'on le joue pour lui et son épouse, en

1858. Ce soir-là, au moment où le ténor entonnait la fameuse aria, ils échappèrent l'un et l'autre de très peu à un attentat perpétré par des révolutionnaires italiens.

Nombreuses sont les routes et les voies ferrées qui comportent des sections maudites. Entre Acklington et Belford, dans le Northumberland (Grande-Bretagne), 34 kilomètres de rails paraissent réclamer leur annuel tribut de victimes. On a baptisé cette section la « ligne maléfique ».

En août 1980, deux passagers furent bizarrement éjectés du train express Londres-Édimbourg à cet endroit ; un an auparavant, on n'avait eu à déplorer qu'un seul décès, dont les causes n'ont toujours pas été exactement déterminées ; en 1981, un jeune marin a péri tout aussi mystérieusement sur cette même ligne…

Entre Swindon et Chippenham, dans le Wiltshire, il existe une section d'autoroute de 90 mètres de long également maudite. Les experts de la sécurité routière ont étudié longuement le problème sans parvenir à découvrir les causes des accidents multiples et meurtriers qui s'y produisent chaque année. Au printemps 1979, ces 90 mètres du maléfisme ont tué quatre personnes. On n'a jamais su comment ni pourquoi elles étaient mortes.

Se peut-il que l'étrange aventure de Mrs. Babs Davidson, une employée des télécommunications britanniques, constitue un ersatz d'explication de ces mystères ? Cette dame roulait de nuit sur une autre section de route maudite, entre Gracious Lane Bridge et Chipstead, dans le Kent. Elle connaissait bien la route et n'éprouvait pas, ce soir-là, la moindre fatigue. Or, à l'endroit dangereux, elle eut soudain comme une hallucination. Il lui sembla que la route se divisait en deux, et elle ressentit très fortement la nécessité d'emprunter l'une de ces voies.

« Une intuition me guida, rapporta-t-elle par la suite aux enquêteurs. Sinon, j'ai la certitude que je ne m'en serais pas sortie. Si j'avais pris l'autre route, c'était pour moi l'accident, la mort certaine… »

Mrs. Davidson, qui est une femme équilibrée, a fait à deux reprises, au même endroit, cette stupéfiante expérience. Les spécialistes de la sécurité routière anglaise prennent très au sérieux son histoire de routes fantômes. Pourquoi ces mystérieux accidents ne s'expliqueraient-ils pas ainsi, après tout ?

Tout comme les lieux maléfiques, il semble qu'il y ait des êtres qui portent malheur. Que faut-il penser de cette étonnante Mrs. Murray, qui fut successivement une des rares personnes à survivre à plusieurs naufrages de très grande envergure ? Elle embarqua sur le *Titanic* en 1912, et s'en sortit. Trois ans plus tard, elle était du dernier voyage du *Lusitania.* Elle se sauva *in extremis* de la tragédie qui engloutit le *Celtic*, corps et biens, en 1927.

Nous n'irons pas jusqu'à lui faire porter la responsabilité de tous ces drames. Mais si coïncidence il y a, il faut avouer que les aventures maritimes de cette dame sont pour le moins curieuses !

L'Américain Wesley McIntire nous paraît de la même espèce que cette « bonne » Mrs. Murray. Le 9 mai 1980, un cargo éperonna le pont Sunshine Skyway en Floride (États-Unis) : trente-cinq personnes moururent dans l'accident, il fut le seul à en sortir indemne.

On se souvint alors qu'il avait échappé de la même manière à toute une série de désastres qui avaient coûté de nombreuses vies humaines et dont il avait été, la plupart du temps, le seul et unique survivant. Ainsi, pendant la Seconde Guerre mondiale, son bateau fit naufrage, mais il s'en tira sans une égratignure. Une autre fois, il échappa à la mort lors d'une collision de camions qui fit dix-huit victimes…

McIntire est persuadé que Dieu le protège. Mais on pourrait aussi penser, avec certains parapsychologues, qu'il est un « porte-poisse ». Lui ne subit aucun dommage du mauvais sort qu'il attire sur son entourage, mais les autres en font régulièrement les frais.

Nous avons, en France, un remarquable exemple de ce genre d'individu en la personne de Jeanne Weber, que l'opinion surnomma, au début du siècle, l'« Ogresse ». En 1906, elle fut accusée du meurtre de deux de ses enfants et de deux de ses neveux. Les gosses étaient morts alors qu'ils étaient demeurés seuls avec elle un certain laps de temps. On songea à un empoisonnement, mais ni l'autopsie ni la suite de l'enquête ne déterminèrent quoi que ce soit qui puisse permettre de conclure à la culpabilité de Jeanne. Elle fut acquittée.

L'année suivante, Jeanne se trouvait dans la maison d'un graveur sur bois, avec l'épouse duquel elle entretenait des relations amicales. Elle prit sur ses genoux l'enfant de cette dernière. Quelques heures plus tard, le bébé mourait de convulsions dont on ne put expliquer l'origine.

Jeanne Weber eut d'autres malheureuses aventures de ce genre. Elle fut jugée à plusieurs reprises, et toujours acquittée : car on ne put jamais rien prouver. En fait, elle n'était nullement une criminelle. Elle portait avec elle le mauvais sort, et cela uniquement pour les enfant en bas âge.

Ce n'est pas, et de loin, le seul exemple de mystérieux « porte-poisse » que l'on connaisse. Plus récemment, des spécialistes ont étudié de près une certaine Christine Fallings, de Blountstown, en Floride. A ses côtés, depuis deux ans, quatre enfants sont morts dans d'énigmatiques circonstances. Près d'une dizaine ont été sauvés d'extrême justesse.

Les parapsychologues prétendent que ce genre de personnes est beaucoup plus répandu qu'on ne le pense ! Comment s'en défendre ? En les détectant et en s'en éloignant au plus vite, certes ! Mais aussi grâce à certaines vieilles techniques de sorcellerie bénéfique qui font appel à la science des talismans et à celle, plus moderne, des ondes de formes.

Il n'est certes pas question de revenir aux vieilles superstitions ou aux cruelles recettes de l'exorcisme. Mais il faut se persuader que l'invisible et l'irrationnel nous touchent de près, et qu'il n'en faut négliger ni les aspects positifs ni les maléfices éventuels.

PEUT-ON ENVOÛTER PAR LE FEU ?

Un peu de cendres grasses, quelques ossements et beaucoup de fumée : c'est tout ce qui reste des humains après une autocombustion spontanée. Les cas ne manquent pas. Ce qui fait défaut, c'est l'explication scientifique du phénomène. S'agit-il d'envoûtement ?

De tous les faits laissés inexpliqués par la science, celui de la combustion humaine spontanée est un des plus troublants.

Premier cas retenu par l'histoire : celui de la comtesse Cornelia Bandi, daté du 4 avril 1731. La scène se passe en Italie, près de Vérone. Âgée de soixante-deux ans, la comtesse n'a jamais été malade de sa vie. Ce soir-là, elle dîne avec le chanoine Bianchini et s'endort après avoir bavardé avec sa camériste.

Le lendemain matin, vers huit heures et demie, comme tous les jours, la femme de chambre vient réveiller sa maîtresse. Un affreux spectacle s'offre à ses yeux : « Le plancher de la chambre, rapporte une gazette de l'époque, était parsemé de grosses taches d'apparence humide et gluante, tandis qu'un liquide gras, jaunâtre, écœurant, coulait le long de la fenêtre, emplissant la pièce d'une odeur répugnante. »

Des traces de suie salissaient les meubles. Par contre, le lit n'avait pas été endommagé et les draps chiffonnés indiquaient que la comtesse Bandi avait eu le temps de se lever. Elle gisait à un mètre du lit : un petit tas de cendres, deux jambes intactes toujours gainées de soie fine, une moitié de boîte crânienne, c'est tout ce qui subsistait de Cornelia Bandi...

Le médecin légiste et les policiers appelés sur les lieux sont bien incapables d'expliquer ce qui a pu se passer. Placide, le magistrat chargé du rapport écrit : « Un feu mystérieux semble s'être allumé spontanément dans la poitrine de la comtesse. » Puis il classe le dossier.

L'observation du cas de la comtesse Bandi recoupe tout à fait ce qui a été remarqué au cours d'autres phénomènes de combustion humaine spontanée.

En 1725, à Reims, un aubergiste du nom de Jean Millet passe en jugement. On l'accuse d'avoir tué sa femme en la brûlant dans la cheminée. Il n'en restait plus qu'une partie de la tête et quelques vertèbres, à une trentaine de centimètres du foyer. 45 centimètres de plancher avaient brûlé à l'emplacement du corps, mais un pétrin et un saloir, placés à proximité, étaient intacts.

Lecat, un jeune docteur, réussit à convaincre les juges qu'il ne s'agit pas là d'un décès ordinaire. Les juges admettent l'existence d'une sorte de « feu justicier » lancé par Dieu pour châtier la femme de l'aubergiste, qui passait pour boire plus que de raison. Lecat publiera une thèse sur ce cas étrange.

Toujours en France, à Caen cette fois, le 3 juin 1782, une vieille demoiselle disparaît en fumée. Mérille, le chirurgien chargé d'examiner l'affaire, écrit : « Le sommet de la tête gisait sur un des chenets, à 45 centimètres du feu. Le reste du corps gisait de travers, en face de la cheminée, et n'était plus qu'une masse de cendres. Même les os les plus solides avaient perdu leur forme et leur consistance. On retrouva le pied droit entier, mais roussi. Bien que ce fût une journée froide, il n'y avait dans le foyer que deux ou trois morceaux de bois brûlés. » Honnêtement, il ajoute que, dans la journée qui a précédé la disparition de Mlle Thaus, des témoins ont vu celle-ci absorber plusieurs litres de vin et un litre de cognac.

Un tel exemple a incité un médecin légiste américain, le docteur Dixon Mann, à émettre l'hypothèse selon laquelle ces cas de combustion humaine spontanée s'expliquaient par l'état d'imbibation alcoolique particulièrement prononcé des victimes. Une étincelle suffirait alors à les enflammer. Malheureusement, et le docteur Mann le reconnaîtra lui-même, de nombreux autres cas de combustion spontanée concernent des personnes qui ne buvaient que de l'eau.

Un jour de 1885, en Floride, dans un village nommé Saint Petersburg, Mrs. Thomason rend visite à Mrs. Reeser, une de ses locataires. Inquiète de ne pas avoir de réponse en frappant à la porte, et alertée par une odeur de brûlé, elle appelle les pompiers. Ceux-ci enfoncent la porte et trouvent l'appartement intact. Avec, au milieu du salon, un point de combustion : un gros fauteuil a complètement brûlé, une tache noire salit le plafond, et le tapis est carbonisé. De Mrs. Reeser, il ne reste qu'une tête calcinée, réduite aux dimensions d'une balle de tennis, une vertèbre et un morceau de pied. Les médecins légistes ne peuvent pas expliquer le phénomène et classent l'affaire.

Quand on ne classe pas les cas gênants, on les ridiculise. Le 22 mars 1908, à Whitley Bay, une petite ville du Northumberland, en Angleterre, Margaret Dewar trouve le corps en voie de combustion de sa sœur, Wilhelmina. Après avoir appelé les voisins, elle pénètre de nouveau dans la chambre. On découvre que les draps et les couvertures du lit de Wilhelmina ne sont absolument pas consumés, et qu'il n'y a aucune trace de fumée dans la maison.

Au cours de l'enquête qui suit l'événement, Margaret s'en tient à son histoire. Magistrats et policiers déclarent qu'elle était ivre le 22 mars. La presse s'empare du scandale. Pourtant, jusque-là, les deux sœurs avaient vécu dans la respectabilité. Au tribunal, Margaret reviendra sur ses dépositions et admettra avoir découvert sa sœur brûlée, mais vivante, au rez-de-chaussée de la maison, et l'avoir aidée à monter l'escalier et à se mettre au lit, où elle était morte. Triomphants, les médecins légistes enregistreront cette déclaration sans sourciller, avant de déclarer le dossier clos.

En fait, Margaret avait dû subir des pressions pour se rétracter. Ce qu'elle a fait sans souci de vraisemblance : comment Wilhelmina, découverte en état de combustion dans l'escalier avait-elle pu se transformer sur le lit en un corps calciné (jambes et abdomen avaient complètement disparu) sans que couvertures ou draps aient brûlé ?

Pour le docteur Wilton Krogman, qui a mené l'enquête sur quelques cas récents d'autocombustion, il faut une température d'au moins 1 650 °C pour consumer un corps humain. Une telle chaleur réduirait tout en flammes dans un rayon considérable et mettrait le feu à une maison.

Les cas abondent pourtant de combustions humaines spontanées qui ont épargné l'environnement immédiat ou « disparu ». Dans l'affaire de Caen citée plus haut, le rapport du chirurgien Mérille est formel : « Pas un meuble de l'appartement n'était endommagé. On retrouva la chaise sur laquelle elle était assise, intacte, à une cinquantaine de centimètres. Le corps s'était consumé en moins de sept heures, bien que rien d'autre que les vêtements n'ait été calciné. »

Certains scientifiques ont alors imaginé une sorte de « dissolution » physique, consécutive à la prise de certains médicaments. Ce serait admettre que les hommes d'aujourd'hui consomment les mêmes substances chimiques que ceux d'il y a deux siècles. De plus, les enquêtes relatives aux cas de combustions humaines spontanées ont souvent montré que les victimes ne suivaient aucun traitement au moment des faits.

Il existe, en effet, des cas très récents qui défient toute explication et qui devraient contraindre les sceptiques à se pencher sur la question. En France, en juin 1977, Guy Breton parle des combustions humaines spontanées à la radio. De l'Est de la France, un commissaire de police l'appelle aussitôt par téléphone.

Il enquête sur une mystérieuse affaire du même type. Un soir, une femme de cinquante ans salue ses voisins et rentre passer la nuit chez elle. Le lendemain matin, une odeur de brûlé intrigue une personne qui vient sonner chez elle. On appelle les pompiers, qui enfoncent la porte. Dans la salle à manger, on découvre un tas de cendres encore chaudes et quelques os calcinés... « Un vrai mystère de la chambre jaune », conclut Guy Breton, qui rapporte l'affaire dans son célèbre livre *Histoires magiques de l'histoire de France*.

On peut même dire qu'il y a des cas fréquents qui sont de plus en plus confirmés par des docteurs ou des autorités médicales. Au cours de ces dernières années, on a signalé des combustions humaines spontanées à la cadence d'un cas reconnu tous les quatre ans. Sans pouvoir les expliquer.

L'esprit humain s'affole devant les trois cas suivants. Ils ont eu lieu le même jour. Ce 7 avril 1958, au large des côtes d'Irlande, le second du cargo *Ulrich* s'inquiète soudain des mouvements désordonnés du bateau. Surpris, il découvre que l'homme de barre a disparu. A sa place, un petit tas de cendres et une paire de chaussures légèrement calcinées. Limpide, le ciel exclut toute possibilité de coup de foudre inopiné.

Le même jour, près d'Upton by Chester, en Angleterre, la police découvre, sur le siège d'un camion renversé dans un fossé, quelques ossements noircis mêlés à une cendre grasse. C'est tout ce qui reste du chauffeur, George Turner. En revanche, les coussins du camion sont à peine roussis. Toujours le même jour, près de Nimègue, en Hollande, un commerçant du nom de William Ten Bruick est retrouvé « brûlé au-delà de toute possibilité d'identification » dans sa Volkswagen. Si le réservoir d'essence est intact, il ne reste du commerçant qu'un petit tas de cendres.

Le même jour... Comme le rapporte Guy Breton, cette coïncidence a permis à certains enquêteurs d'avancer une explication digne des meilleurs films fantastiques : ce jour-là, une force inconnue aurait planté sur la Terre une sorte de trident aux pointes de feu !

Avant de tenter d'expliquer les combustions humaines spontanées, il convient d'en dégager les traits principaux. Tout d'abord, la plupart du temps, la victime est retrouvée dans une attitude naturelle, comme si tout s'était passé en un instant.

En 1960, on a retrouvé, près de Pikeville, dans le Kentucky, cinq corps carbonisés dans une voiture : « Ils étaient assis comme s'ils venaient d'entrer dans la voiture, a déclaré le médecin légiste. Avec toute la chaleur dégagée, on comprend mal qu'ils n'aient même pas essayé de se sauver. »

Blocs de pierre des Billes du Diable (Australie) que les aborigènes locaux conseillent de ne pas bouger sous peine de malheur.

Une certaine madame Murray survécut curieusement aux naufrages du Titanic *(1912), du* Lusitania *(1915, illustré ici) et du* Celtic *(1927)!*

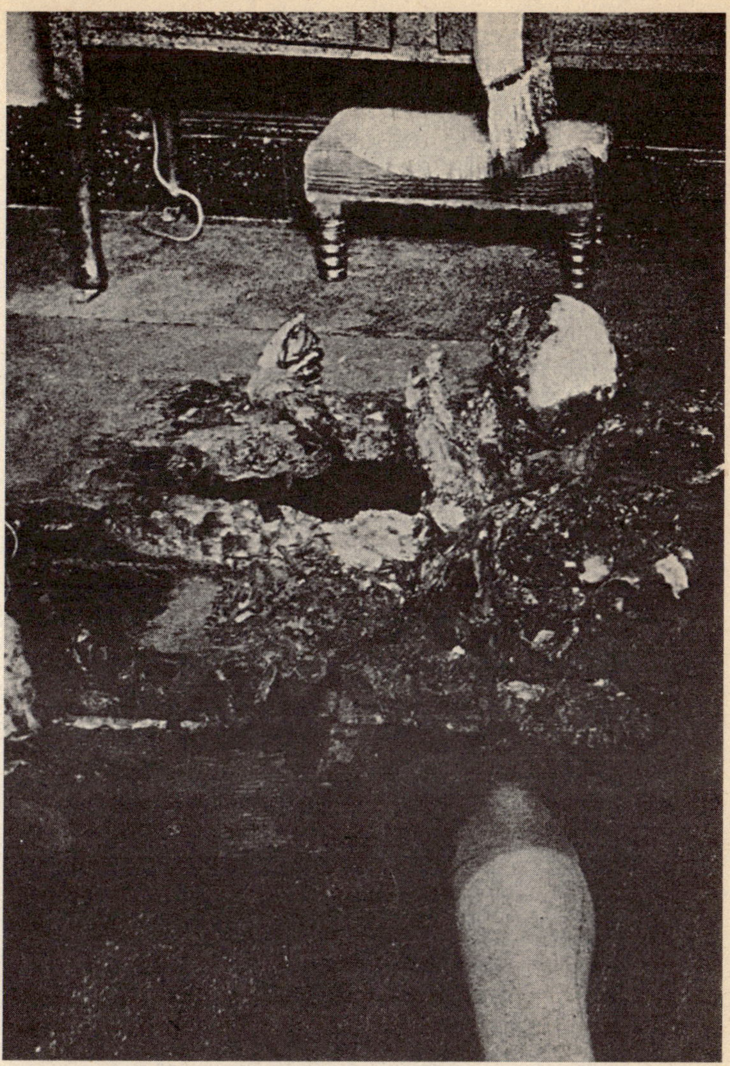

Combustion spontanée d'une personne dont il ne reste qu'une partie du crâne, la main gauche et les jambes.

Un banquet de sorciers avec, au menu, crapauds, rats et reptiles.

Sorcières en train de concocter un étrange breuvage satanique.

Un des nombreux diables sculptés sur les murs de Notre-Dame de Paris.

L'intensité de la chaleur dégagée est un autre de ces traits principaux. Dans des circonstances normales, le corps humain prend feu très difficilement, surtout quand il est en vie. Pour qu'un corps soit réduit à un tas de cendres, il faut une chaleur intense et régulière pendant des heures. Dans les crématoires on est même obligé de broyer les os...

Selon le docteur Wilton M. Krogman, un anthropologue légiste de l'école de médecine de l'université de Pennsylvanie, il faut une température d'au moins 1 650 °C pour pulvériser un os humain. Dans le cas d'autocombustion de Léon Éveil, retrouvé carbonisé dans sa voiture, le 17 juin 1971, à Arcis-sur-Aube, la chaleur de son autocombustion avait fait fondre le pare-brise. Normalement, une voiture en flammes atteint à peu près 700 °C. Pour faire fondre du verre, il faut une chaleur d'au moins 1 100 °C !

Dans la plupart des cas de combustion humaine spontanée, on constate également que le feu ne s'étend pas. On ne compte plus les corps entièrement consumés dans des lits intacts, les corps pulvérisés en cendres dans des fauteuils à peine roussis, les corps carbonisés dans des vêtements restés en bon état. Les témoignages sont là...

Le *Daily News* du 17 décembre 1907 raconte comment Mrs. Thomas Cochrane, de Falkirk, a été retrouvée dans sa chambre, « tellement brûlée qu'il avait été impossible de la reconnaître ». Personne n'avait entendu de cris et très peu de choses avaient brûlé. En 1841, le *British Medical* a également publié un article du docteur F.S. Reynolds sur un cas de combustion humaine. Les jambes de la victime, une femme, étaient complètement carbonisées, alors que ses bas étaient intacts.

On a également remarqué l'étrange silence des victimes. Celles-ci paraissent comme incapables d'appeler à l'aide ou de se sauver. Si, par chance, elles survivent, elles sont généralement incapables de raconter quoi que ce soit de leur aventure. En 1904, en Angleterre, près de Grimsby, un fermier sauve sa servante d'une combustion humaine spontanée dont elle était pratiquement inconsciente.

Son récit est inquiétant : « Notre servante balayait la cuisine, a-t-il raconté au journal local. Un petit feu brûlait dans la cheminée, mais elle était à l'autre bout de la pièce et ne s'était pas du tout approchée du foyer. Je suis arrivé dans la cuisine à l'improviste. Le dos de sa robe était en feu. Pourtant, elle continuait à balayer. Elle ne se retourna que quand je me mis à crier... » La jeune femme était manifestement en train de brûler depuis un moment : ses blessures ultérieures en ont témoigné.

Un cas type de combustion humaine spontanée résume bien toutes les étrangetés du phénomène. Le 26 février 1905, au matin, les voisins des Kiley entendent un curieux craquement. Une fois sur les lieux, ils s'aperçoivent que l'intérieur de la maison des Kiley est en flammes. L'homme est par terre, mort, brûlé. La femme se trouve dans un fauteuil, morte elle aussi, mais reconnaissable. Les deux corps sont entièrement habillés. Il apparaît qu'ils ont brûlé en même temps, avant d'aller se coucher, sans même appeler au secours.

On connaît deux exemples de combustion spontanée qui coïncident avec des tentatives de suicide. Ils sont inexplicables, sauf si l'on admet que les victimes ont brûlé parce qu'elles avaient renoncé à la vie. Le 13 décembre 1959, Billy Peterson, vingt-sept ans, décide d'en finir avec la vie en s'asphyxiant au gaz d'échappement, qu'il détourne du moteur vers l'intérieur de sa voiture. Retrouvé un peu plus tard, son état physique inquiétera les enquêteurs : alors qu'il était brûlé au troisième degré, ses vêtements et ses sous-vêtements étaient presque intacts... Le 18 septembre 1952, Glen Denney, quarante-six ans, se suicide en se tranchant les poignets. On l'a retrouvé carbonisé, alors que rien n'avait brûlé dans la pièce. « Le corps a pris feu pour une raison inconnue, alors qu'il tentait de se suicider » a conclu le rapport des policiers.

Pour expliquer tous ces phénomènes, plusieurs théories ont été avancées. Aujourd'hui encore, de nombreux médecins refusent même d'admettre l'existence de ces cas. Pourtant, la plupart des combustions rapportées ici sont des plus mystérieuses.

Pour nier le phénomène, au XIXe siècle, on a d'abord avancé qu'il ne touchait que les alcooliques et qu'il était une punition divine. Ce qui n'expliquait pas du tout une combustion aussi rapide et aussi respectueuse de l'environnement. De plus, il a été prouvé expérimentalement que la chair imbibée d'alcool cesse de brûler quand il ne reste plus d'alcool.

Une des premières tentatives d'explication de la combustion humaine spontanée a fait appel à la capacité du corps de produire certains gaz facilement inflammables en présence d'oxygène. Le baron Karl von Reichenbach a ainsi pu parler des « miasmes de putréfaction » du corps humain. En fait, l'existence de tels gaz n'a jamais été prouvée, ni chez les malades, ni chez les bien portants, ni même sur un corps en état de putréfaction.

Dixon Mann et W. A. Brend rapportent dans leur traité de médecine légale et de toxicologie le cas d'un homme gras, mort deux heures après son admission à l'hôpital, en 1885. Le lendemain, son cadavre était gonflé, la peau tendue. Il paraissait empli de gaz, mais sans aucun signe de décomposition : « Quand on procéda à des ponctions, écrivent les auteurs, le gaz s'échappa et brûla comme s'il avait été de l'hydrogène. Douze flammes brûlaient en même temps. Si l'homme était mort chez lui, près d'un feu, on aurait eu un autre cas de combustion humaine spontanée. »

Ce n'est pas une explication. On ne peut vivre avec une telle quantité de gaz dans le corps, sinon à l'article de la mort. Or, toutes les victimes de combustion spontanée semblaient bien portantes avant l'accident. Il faut également remarquer que, dans un tel cas, les vêtements ne seraient pas retrouvés intacts.

Comme alternative à l'hypothèse de la maladie, on peut envisager des dysfonctions organiques ou mécaniques du corps. Yvan Sanderson et, avant lui, Vincent Gaddis ont fait des recherches sur la synthèse des phosphagènes dans les tissus musculaires, et en particulier sur la vitamine B^{10}, indispensable à l'approvisionnement du corps en énergie.

Ils écrivent : « Le phosphagène est un composé semblable à la nitroglycérine et de formation endothermique. On peut le trouver en grande quantité chez certaines personnes sédentaires, à tel point que leur corps devient combustible comme de la poudre mouillée. »

Cela peut expliquer comment certains corps s'enflamment facilement. Reste à identifier ce qui les fait s'enflammer.

On a également prétendu que les victimes avaient pris feu tout naturellement, en s'approchant trop d'une cheminée. Ce qui n'explique pas la moitié des cas du passé et encore moins ceux d'aujourd'hui. D'autres hypothèses, particulièrement folles, ont été avancées : un mystérieux rayon de la mort, par exemple. Il n'explique pas les combustions spontanées du XVIIIe siècle. Ou un « suicide psychique » : il ne rend pas compte, non plus, de tous les cas.

Plus intéressante est la constatation suivante : les cas de combustion humaine spontanée augmentent quand la courbe géomagnétique de la Terre est à son maximum. Cette courbe varie considérablement en fonction de l'activité solaire.

Cela semblerait indiquer que les combustions humaines spontanées sont le résultat d'une chaîne d'événements complexes, d'une interaction entre certaines conditions astronomiques bien spécifiques et l'état physique d'un individu.

Ces conditions pourraient être, à leur tour, les préconditions de l'apparition des « boules de feu ». On avait envisagé cette hypothèse à propos du cas de Mrs. Reeser, retrouvée brûlée sur un tapis intact, tandis qu'une étrange boule de feu tournoyait au-dessus de son cadavre.

Selon plusieurs physiciens, ces « boules de feu » pourraient dégager une énergie immense, qui produirait des ondes radio identiques à celles d'un four micro-ondes. Dans cette hypothèse, les combustions spontanées à l'intérieur de vêtements intacts deviennent possibles. Elles seraient dues à la présence de boules de feu à proximité du corps (ou bien dans le corps). Ou alors à l'action d'un gigantesque champ d'ondes radio-actives, qui aurait formé une boule de feu s'il n'y avait pas eu un corps à consumer...

Comme ces « boules de feu » sont un phénomène naturel et qu'elles sont capricieuses, on peut les tenir pour la cause la plus probable des combustions humaines spontanées : elles expliqueraient également le cas des victimes brûlées de l'intérieur. Sans toutefois donner une clé du phénomène.

Celui-ci prend en compte un certain nombre d'éléments. L'âge et le sexe de la victime comptent moins que son état psychique et physiologique. La victime est le plus souvent une personne seule, sédentaire, diminuée par la maladie ou par une sorte de dépression. Elle est sujette à la peur et au désespoir. Cela peut affecter psychosomatiquement le corps et changer son métabolisme, en provoquant, entre autres, un déséquilibre en phosphagènes et un comportement anormal des mécanismes régulateurs de la chaleur du corps. En soi, ce phénomène n'a rien d'extraordinaire, ni même d'inexpliqué.

Si, en plus, quelques jours après une période d'intense activité des taches solaires, un orage magnétique fait monter très haut le champ magnétique de la localité où réside la victime, il ne manque plus qu'une étincelle (un rayon cosmique, une poussée naturelle d'énergie à basse fréquence ou la foudre) pour déclencher un « feu de joie » humain.

LES CRAPAUDS, INSTRUMENTS DES SORCIÈRES

Depuis toujours, les hommes considèrent les crapauds comme des créatures diaboliques. Les sorcières leur donnaient une place de choix dans leurs philtres magiques, tandis que certains initiés les crucifiaient la tête en bas. D'où vient cette répulsion ancestrale pour des animaux plutôt moins dangereux que les autres ?

Le mythe du crapaud tue encore. En 1945, Édith Walton s'inquiète de l'absence de son oncle Charlie, un vieil original comme on en voit souvent dans les campagnes anglaises. Ce jour-là, Charlie Walton était parti travailler chez ses voisins Potter : malgré ses rhumatismes et ses soixante-dix ans passés, le vieil homme persistait à s'employer chez ses voisins comme journalier.

Après quelques recherches menées à la tombée de la nuit, à la lampe électrique, on retrouve Charlie Walton allongé sur le dos au pied d'une haie, les bras écartés. Il porte à la poitrine une vilaine blessure en forme de croix, faite avec une serpe. Son cou a été comme cloué au sol, avec une violence telle que la tête est presque séparée du corps.

Le lendemain du drame, la brigade criminelle de Scotland Yard débarque à Lower Quinton, le village où l'événement tragique a eu lieu. A sa tête, un célèbre détective : le superintendant Fabian. Très vite, les policiers se heurtent à un terrible mur du silence. L'enquête piétine. Les paysans les plus coopératifs murmurent des propos incompréhensibles, où il est question des « étranges habitudes » du vieux Walton, à qui on reprochait de « parler aux oiseaux »...

Petit à petit, pourtant, les langues se délient. Charlie Walton n'avait ni chiens, ni chats, ni même oiseaux. Il avait des crapauds. Fabian le sait : en visitant la petite maison du journalier, il a vu un grand nombre d'amphibiens en liberté dans le jardin.

Les semaines passent. Le vieil homme assassiné se révèle être un bien curieux grand-père. On parle, à mots couverts, de sorcellerie. Comme dans les bons romans policiers, le superintendant Fabian fait appel à une spécialiste de la sorcellerie du Moyen Âge, le docteur Margaret Murray. En même temps, il se plonge dans les archives locales. Ce qu'il cherche, ce sont les mobiles du meurtre, qui doivent être liés à cette affaire de crapauds.

Soixante-dix ans plus tôt, un meurtre a été commis dans les environs de Lower Quinton, dans des circonstances quasi identiques. L'assassin, persuadé que sa victime était une sorcière, l'avait clouée au sol d'un coup de fourche et lui avait tailladé le corps avec une serpe. Le détective apprend également que Charlie Walton employait ses petits protégés à de curieuses fins : il les attelait à une charrue miniature et il les traînait à travers champs.

Ce détail rappelle quelque chose à Margaret Murray : en 1662, une sorcière écossaise, Isobel Gowdie, est morte sur le bûcher, après avoir avoué qu'elle promenait ainsi des crapauds pour faire dépérir les récoltes.

Fabian n'a plus alors à chercher très loin le mobile du crime : cette année-là, les récoltes ont été médiocres. L'élevage n'a guère rapporté. On a assassiné Walton pour le punir de sa mauvaise influence ! En plein XXe siècle. Le superintendant Fabian finira par trouver le coupable, mais il ne pourra jamais tenter quoi que ce soit contre lui, faute de preuves. La justice britannique aura subi un échec et se privera de ce qui aurait certainement été le dernier procès en sorcellerie de notre temps.

Il n'est pas étonnant que des crapauds aient été mêlés à cette spectaculaire actualité. Depuis toujours, depuis que les hommes observent la nature et en tirent des enseignements, les crapauds semblent avoir été rejetés comme maléfiques ou utilisés à des fins magiques.

On sait que ces amphibiens, très placides en réalité, ont

longtemps constitué un des principaux ingrédients des potions magiques concoctées par les sorcières ou celles qui se faisaient passer pour telles. On attribuait aux philtres que l'on tirait d'eux le pouvoir fascinant de voler à travers les airs.

Paradoxalement, la science moderne peut montrer que cette croyance n'est pas dénuée de fondement. Au contraire. La peau des crapauds est capable de sécréter des substances toxiques hallucinogènes. Tout s'explique par l'évolution : à l'origine, les crapauds, issus des poissons, avaient le corps recouvert d'écailles. Plus ils sont restés sur la terre ferme, plus ils les ont perdues, au profit d'une peau humide qui favorisait les échanges respiratoires.

Avec cette simple peau, ils devenaient particulièrement vulnérables aux agressions, qu'elles soient physiques, bactériennes ou mycosiques (attaques de champignons). C'est pourquoi ils se sont pourvus de glandes cutanées, capables d'émettre des substances bactéricides, fongicides, toxiques ou venimeuses.

Une observation empirique des choses de la nature suffit pour reconnaître ce pouvoir toxique : un chien qui mord un crapaud ne tarde pas à se débattre par terre, l'écume à la bouche. Il peut en mourir. En Amazonie, plusieurs tribus d'Indiens empoisonnent leurs flèches au venin de crapaud, qu'ils extraient en faisant rôtir l'animal au-dessus d'un feu. Ils préfèrent d'ailleurs le venin de certaines grenouilles locales, bien plus foudroyant que celui des crapauds de cette région sauvage.

Ailleurs, comme dans la Chine ancienne, on a rapidement appris à utiliser les décoctions de crapauds pour soigner certaines affections cardiaques : les propriétés tonicardiaques du venin de crapaud sont aujourd'hui bien connues de la médecine. On sait également que ce venin contient une substance hallucinogène, la bufoténine. Celle-ci altère les molécules chimiques des cellules nerveuses. Ces molécules, chargées de transmettre les messages des sens au cerveau, ne donnent plus que des informations erronées et déformées.

C'est alors que le sujet peut avoir l'impression de voler dans les airs. Le venin de crapaud a sensiblement les mêmes effets que plusieurs hallucinogènes végétaux, eux aussi bien connus des sorcières. Juchées sur leurs manches à balai, les sorcières croyaient peut-être voler. Elles ne faisaient que « planer », à la manière des consommateurs modernes de L.S.D. ou autres drogues hallucinogènes...

Au Moyen Âge et à la Renaissance, de nombreux procès témoignent de la familiarité des sorcières avec les crapauds. Beaucoup de ces femmes ont avoué avoir eu des soins particuliers pour leurs crapauds, allant jusqu'à les baptiser ou... leur donner le sein. Ce qui est physiologiquement possible.

Pour ce qui est de voler, Reginald Scot a écrit, dans un ouvrage sur la sorcellerie paru en 1584, que « les sorcières se frottaient vigoureusement toutes les parties du corps avec un onguent de crapauds, jusqu'à ce qu'il devienne rouge et brûlant. Ainsi, leurs pores s'ouvraient et leur chair se dissolvait. Par ces moyens, les nuits de pleine lune, elles pouvaient se laisser porter par les airs »...

L'aversion généralisée pour les crapauds est d'autant moins justifiée que cet amphibien n'a rien de spécialement dangereux pour l'homme. A moins qu'on ne le morde, ce qui entraînerait, au pire, quelques nausées et des hallucinations.

Pourtant, dès l'Antiquité, le crapaud est considéré comme particulièrement dangereux. Pline l'Ancien le décrit comme « rempli de poison ». Au IIIe siècle de notre ère, Aelius écrit qu'une seule goutte de sang de crapaud, versée dans une coupe de vin, suffit à rendre le breuvage mortel.

Mais les Romains étaient aussi des gens d'esprit pratique. Ils utilisaient les crapauds comme boussoles ! Pour trouver le nord, ils pensaient qu'il leur suffisait de placer la lame d'un poignard sur le dos d'un crapaud : l'animal tournerait alors sur lui-même jusqu'à ce que la pointe de l'arme soit dirigée dans la bonne direction. Cette croyance se retrouve dans plusieurs régions d'Europe, et notamment dans certaines provinces anglaises.

Avec les chrétiens, le crapaud se voit attribuer de nouveaux pouvoirs tout aussi néfastes. Satan aurait pris la forme de cette infortunée créature pour venir instiller son venin dans l'oreille d'Ève...

C'est surtout au Moyen Âge que le mythe de l'amitié des crapauds et des sorciers se répand. Une légende particulièrement tenace prend naissance, selon laquelle le crâne de certains amphibiens renfermerait une pierre précieuse, d'autant plus grosse que l'animal serait plus vieux. En 1569, un auteur populaire anonyme écrit : « On trouve à l'intérieur de la tête des plus grands et des plus vieux crapauds une gemme appelée *borax* ou *stelon*. Enchâssée dans une bague, cette pierre a le pouvoir de protéger contre le venin. »

Shakespeare, de son côté, fait dire au duc de *Quand il vous plaira* :

> Douces sont les surprises de l'adversité
> Ainsi le crapaud, hideux et vénéneux,
> Dont la tête recèle un joyau précieux...

Les charlatans s'empressent d'exploiter la crédulité populaire et vendent aux badauds, dans les grandes foires, de « véritables pierres de crapauds », qui ne sont rien d'autre que des morceaux de verre colorés et taillés. Une autre légende vient doubler et renforcer la première. Il existerait un moyen très facile pour vérifier l'authenticité de l'origine de ces « pierres » : mis à proximité du « joyau », un crapaud cherchait immanquablement à s'en emparer. Comme par hasard, à proximité de l'étalage de ces charlatans, un certain nombre de crapauds, « complices » bien sûr, étaient là pour intervenir au moment opportun.

La méthode sera même raffinée. Le bateleur faisait semblant de faire avaler un crapaud à un jeune enfant. Celui-ci était aussitôt saisi de convulsions spectaculaires et semblait entrer en agonie... pour être guéri sur-le-champ par un contact avec la « pierre » miraculeuse ! Évidemment, les acheteurs se précipitaient.

En 1609, Pierre de Lancre, un magistrat de Bordeaux spécialisé dans la chasse aux sorcières, se fait l'écho d'une superstition populaire : « Ces magiciens, qui élèvent des petits démons à l'aspect de crapauds, les nourrissent d'un brouet de lait et de farine et n'osent pas quitter leur demeure sans leur demander la permission. »

Cet homme de loi évoque un certain Nevillon, qui « avait chez lui une curieuse petite créature ressemblant à un gros crapaud couvert d'un pelage noir, qu'il gardait dans une boîte, sous une dalle du sol. Le crapaud soulevait la dalle quand il était affamé ». Nevillon avait assuré, à plusieurs reprises, qu'il « pourrait en procurer un autre s'il le désirait et qu'il y avait plus à gagner à servir cette créature-là qu'à servir le Seigneur »...

Dans le même esprit, les Inquisiteurs avaient cherché, quelques siècles auparavant, à détecter chez les hérétiques un quelconque commerce avec les crapauds, créatures sataniques par excellence. Les cathares, les templiers, les vaudois et les bogomiles avaient été interrogés en conséquence.

En 1388, un vaudois de Turin devait confesser que ses amis et lui adoraient le Grand Dragon de la Révélation, qui prenait les traits d'un crapaud. Les initiés vaudois devaient boire un breuvage à base d'excréments de crapauds. D'autres sectes hérétiques baisaient rituellement un crapaud sur la bouche et sur l'anus pour acquérir des pouvoirs magiques. On trouve un écho lointain et déformé de ces pratiques dans plusieurs contes de fées, où le prince charmant, métamorphosé en crapaud par un charme, retrouve sa forme première après avoir reçu un baiser d'une belle demoiselle.

Au Siècle des lumières, le goût pour la magie noire et la vogue d'un certain satanisme redonnent, paradoxalement, de la popularité aux crapauds.

Ceux-ci sont l'objet de rituels barbares particulièrement prisés de l'élite : baptisé du nom de Jésus-Christ au cours d'une messe noire, un crapaud est souvent crucifié, la tête en bas, à l'issue de la cérémonie.

Au XIXe siècle, cette mode persiste. Aleister Crowley, le célèbre occultiste britannique, a révélé que, alors qu'il habitait

Bristol, il avait été « ordonné » grand mage de l'ordre des Templiers d'Orient, une secte ésotérique et mystique d'origine française, et qu'il lui avait fallu sacrifier ainsi un crapaud, selon un rituel et des cérémonies qui remontaient au début du siècle.

Bien entendu, au XXe siècle, les crapauds n'ont pas cessé d'être les victimes des sectes de toute origine. En 1938, aux environs de Saint-Rémy-de-Provence, un journaliste a pu assister à une cérémonie de sorcellerie au cours de laquelle une « sorcière » jetait un sort mortel à une personne en criblant d'épingles une poupée, puis en la trempant dans le sang d'un crapaud préalablement crucifié sur une Bible...

Dans le monde entier, le crapaud semble avoir inspiré une même répulsion. Au Togo, la tribu des Hos a coutume de choisir un bouc émissaire pour « expier » les péchés collectifs de la tribu : le crapaud est traîné tout autour du village, jusqu'à ce qu'il meure. Dans l'ancienne Perse, les zoroastriens considéraient le crapaud comme un symbole du mal et le traitaient par conséquent en animal à détruire.

Avec l'affaire du meurtre d'un vieil homme qui parlait aux crapauds, nous avons vu que ces superstitions restaient profondément enracinées dans les légendes et dans le folklore quotidien des campagnes européennes. Aucun animal n'a suscité autant de dégoût, pas même le serpent, rejeté par les chrétiens comme symbole de la tentation.

Curieusement, pourtant, certains ont tenté d'en inverser la signification. Clovis, le grand roi des Francs, portait trois crapauds sur sa bannière de guerre. La tradition veut que ces trois crapauds se soient transformés en trois fleurs de lis, ce qui expliquerait le choix de la fleur de lis comme symbole du pouvoir monarchique français. On attribue à cette transformation miraculeuse la conversion du roi barbare à la nouvelle religion de l'Europe romaine.

Pour beaucoup d'historiens, hormis le miracle, il faut prendre au sérieux l'origine « amphibienne » possible de la fleur de lis des bannières royales françaises...

En Roumanie, les crapauds ne sont jamais molestés, même si

le peuple les craint et les évite. On dit d'un homme qui est capable de tuer un crapaud, qu'il est capable de tuer sa propre mère. En Cornouailles, non seulement le crapaud est respecté, mais il est même vénéré et considéré comme un porte-bonheur. Dans les mines d'étain de cette région, voir un de ces animaux est un heureux présage.

Toujours en Grande-Bretagne, dans la région de Cambridge, on apprécie ces amphibiens qui détruisent les araignées, lesquelles ont pris leur place comme créatures de Satan ! On raconte également que les crapauds peuvent indiquer, par leur comportement, le temps, les orages ou la sécheresse. Cette croyance est à mettre en relation avec le folklore de la grenouille dans son bocal, qui fait office de baromètre en montant ou en descendant d'un perchoir en forme d'échelle...

Dans le Norfolk, il existe également une très ancienne tradition liée aux rites de la terre. Dans cette région, toujours réputée pour la qualité de ses chevaux de labour, les charretiers forment une corporation, presque une société secrète. On les appelle les *toadmen* (hommes aux crapauds).

L'un de ces *toadmen*, Albert Love, a révélé les secrets de ses compagnons et de leur art de mener les chevaux. Selon eux, il faut prendre un crapaud dans des joncs, le tuer et le laisser sécher vingt-quatre heures sur un buisson d'aubépines. Il faut ensuite l'enterrer dans une fourmilière et l'y laisser jusqu'à la pleine lune suivante.

Il faut alors récupérer le squelette du crapaud et le jeter, au clair de lune, dans un ruisseau. Si les os remontent le courant, on peut les conserver. Sinon le « charme » est à recommencer.

Les manipulations ne sont pas terminées. On doit étuver les os qui ont remonté le courant, les réduire en poudre et diluer cette poudre dans une huile spéciale. Avec le mélange ainsi obtenu, on enduit la langue, la bouche, les naseaux et le poitrail d'un cheval. Celui-ci est alors l'esclave de son maître et lui obéit au doigt et à l'œil...

Dans le Nord de l'Écosse et dans le Suffolk, on trouve trace de coutumes analogues, mais les *toadmen* conservent les os de crapauds entiers, dans un linge qu'ils gardent sur eux. Pour arrêter leur cheval, ils n'ont qu'à le toucher avec l'os au défaut de l'épaule. Pour le faire repartir, il faut le toucher à la croupe.

La survivance de ces pratiques immémoriales permet de mieux comprendre une partie de l'aversion irraisonnée des Européens pour les crapauds. Intégrés aux coutumes magiques préchrétiennes, ces animaux, plutôt utiles, sont devenus symboles de paganisme et pourchassés comme tels. Le fait qu'ils aient été largement employés par les sorciers, qui ne faisaient souvent que reprendre un certain nombre de rites païens, est un indice supplémentaire. On peut supposer que, du temps où les Européens vivaient en paix avec leurs dieux païens, les crapauds connaissaient également la paix ! Nous avons vu que, chez les Romains, ils pouvaient servir à montrer le nord !

Après tout, l'attitude populaire à l'égard des crapauds (massacre de ce qui est jugé impie, indifférence ou porte-bonheur) est sans doute révélatrice de la capacité de tolérance et de respect d'autrui d'une société ou d'une culture...

PARIS, CAPITALE DE LA SORCELLERIE

Paris est la capitale de la France mais aussi la capitale du mystère français. Des personnages et des faits énigmatiques y tissent dans l'ombre une histoire parallèle. Magie noire, envoûtements criminels, cérémonies impies, pactes sanglants avec le diable : le réseau occulte qui enserre le Paris noir a de quoi faire frémir…

Paris, la Ville Lumière, a incontestablement deux histoires : celle que l'on apprend dans les manuels, à travers les guides et les promenades que proposent les prospectus touristiques – celle des monuments officiels et des grands musées – et l'autre, aussi vieille que la ville et toute de ténèbres, celle des événements insolites ou maudits, des sortilèges, des crimes mystérieux, des magiciens et des alchimistes, des fantômes, des sorciers et des messes noires...

Elle remonte à l'aube de notre ère, voire au-delà, quand la tribu des *Parisii* décontenançait déjà Pline le naturaliste par l'étrangeté de ses croyances. Nous en vivons encore largement aujourd'hui : la statistique dénombre à Paris une pythonisse, un sorcier ou un thaumaturge pour moins de 150 habitants !

Les lieux gardent trace des mystères ou des sombres faits auxquels ils ont servi de décor. Aussi, le promeneur un tant soit peu averti retrouve-t-il, çà et là, des témoins de ce mystérieux passé.

Un mascaron grimaçant de la rue de la Huchette rappelle qu'on adorait, dans la périphérie, le diable tout en cornes qu'il représente ; la tour astrologique du mage Ruggieri se dresse toujours près de la Bourse du commerce ; dans une cour très protégée de la rue du Cherche-Midi, un sphinx verdâtre à tête de femme demeure, vestige des cultes d'Isis et des messes d'or qui s'y célèbrèrent au siècle dernier et au début de celui-ci : les démons de Notre-Dame témoignent d'un pacte que fit avec Satan le serrurier Biscornet, afin de pouvoir forger les grands portails en une seule nuit…

Les origines elles-mêmes de la capitale sont mystérieuses. A Argenteuil, à Choisy-le-Roi, à Orly... Tout autour de Paris, on a découvert des sépultures qui prouvent que les Celtes y étaient installés depuis le deuxième âge de fer. La tradition nous assure d'ailleurs que des pierres dressées auraient été découvertes par le passé rue Lobeau, dans le IVe arrondissement, rue Haute-Borne, à Ménilmontant, ou, comme le nom l'indique, rue Pierre-Levée, dans le XIe arrondissement.

Plusieurs historiens ont écrit que l'île de la Cité avait été spécifiquement choisie par les druides gaulois comme emplacement privilégié de célébration de leurs cultes. L'exhumation, entre autres, de plusieurs représentations du dieu Cernunnos vient à l'appui de cette thèse.

On sait que les prêtres du celtisme déterminaient les lieux sacrés en fonction d'une géographie secrète qui tenait grand compte de certaines lois telluriques, aujourd'hui perdues. Il est tentant de penser que l'emplacement du futur Paris a ainsi fait l'objet d'une sorte de triangulation magique lui assurant gloire et pérennité.

Les religions de Rome, dans une moindre mesure, mais surtout, par la suite, le christianisme triomphant réduisirent les croyances druidiques à la clandestinité. Elles survécurent cependant sous forme de sorcellerie et de rites dont certains ont traversé les siècles jusqu'à nous. Il y a aujourd'hui dans la capitale près d'une dizaine d'associations religieuses celtisantes qui ne sont pas toutes fantaisistes. Deux ou trois d'entre elles célèbrent, à Vincennes ou dans le bois de Meudon, les grandes fêtes annuelles du calendrier druidique, dans la plus stricte tradition de la Gaule antique.

En ce qui concerne la sorcellerie celtique proprement dite, on sera étonné d'apprendre que, pour être fort discrète, et donc très peu connue, elle a traversé les siècles jusqu'à nos jours, depuis les temps lointains de Cernunnos et d'une certaine déesse noire qu'on aurait adorée à l'emplacement actuel de Notre-Dame.

C'est précisément cette sorcellerie que tenta d'extirper, en 742, le roi Chilpéric III, en interdisant « toutes formes de sortilèges, de philtres amoureux, augures et enchantements ». Il n'y parvint pas davantage que Charlemagne, dont un des capitulaires ordonna « qu'il n'y ait plus ni sorciers ni enchanteurs, pythonisses, fabricants de philtres ou faiseurs de tempêtes »... Ces derniers, surtout, sont des survivances de l'époque celtique de la ville. On sait que les druides connaissaient les mots et les sons déchaînant les orages et provoquant la grêle au-dessus des récoltes.

Par la suite, d'autres formes de magie gagnèrent apparemment la faveur du public parisien des officines réprouvées. Avec la Renaissance, elles vinrent surtout d'Italie, où l'on savait si bien conjuguer le savoir occulte, l'astrologie et la manipulation politique des substances vénéneuses. On en retrouvera la trace chez des occultistes comme Éliphas Lévi ou Stanislas de Guaïta, au XIXe siècle.

Aujourd'hui, il existe un groupement ésotérique de la capitale qui affirme être en possession de ce savoir depuis les premières décennies de notre ère. A dates fixes, ses membres, par ailleurs gens en place et hauts responsables, se réunissent dans la crypte de Notre-Dame, où l'on a jadis adoré les dieux celtes.

La mystérieuse Dame noire de l'île de la Cité a fait naître une autre hypothèse sur les origines initiatiques de Paris. Cette déesse ne serait autre qu'Isis, figure pratiquement universelle de la Grande Mère, dont les noms et les attributs diffèrent d'ailleurs selon temps et lieux, et dont le culte aurait été apporté jusqu'à l'emplacement de Paris par les navigateurs phéniciens. Le nom de la capitale viendrait de cette grande figure du panthéon égyptien et, par extension, universelle. « Paris » découlerait de *Bar-Isis* (la barque d'Isis), parce que la première représentation de la Dame noire serait arrivée sur un navire remontant la Seine jusqu'à l'île de la Cité. Cela expliquerait, de plus, pourquoi le blason de la ville porte un bateau dans ses armes.

On a pu mettre en doute cette théorie : « L'on ne peut raisonnablement douter, est-il écrit dans l'*Encyclopédie* de Diderot et d'Alembert, qu'il n'y eût, à Paris ou dans son voisinage, un fameux temple dédié à la grande déesse des Égyptiens. Les anciennes chartes de Sainte-Geneviève et de Saint-Germain-des-Prés en font mention : elles disent que Clovis et Childebert, leurs fondateurs, leur ont assigné les dépouilles d'Isis et de son temple... »

Il est souvent signifié, dans les chroniques les plus anciennes de la capitale, qu'Isis, maîtresse de la doctrine ésotérique et de tous les arts de la magie, a été vénérée à Paris soit d'abord dans l'île de la Cité même, à l'emplacement de Notre-Dame, soit sur les lieux où fut édifiée par la suite l'abbaye de Saint-Germain-des-Prés. Le moine Abbon, de ce cloître, considère Isis comme la première protectrice des Parisiens dans un poème écrit au IXe siècle sur le siège de la ville par les Normands. D'ailleurs, le maître d'œuvre de la cathédrale n'omettra point, par la suite, de la représenter en bonne place, au portail Sainte-Anne, sous les traits d'une femme portant le thyrse. La Vierge, autre Grande Mère mythique, n'aurait donc fait que remplacer la magicienne de la vallée du Nil.

Selon Jacques de Breul, dans son *Théâtre des antiquités de Paris* : « Au lieu où le roi Childebert fit construire l'église de Saint-Vincent, dite à présent de Saint-Germain, et à laquelle il donna son fief d'Issy, la commune opinion est qu'il y avait un temple d'Isis, femme d'Osiris, et que d'icelle le village d'Issy prit son nom… »

Et jusqu'aux premières années du XVIe siècle, « on pouvait voir – écrit Gilette Ziegler dans son *Histoire secrète de Paris* – sous le porche de Saint-Germain-des-Prés, une étrange statue devant laquelle les femmes du quartier faisaient brûler des cierges pour retrouver les objets perdus… » Elle a été décrite comme une représentation de la maîtresse des arts de la magie : « maigre, haute, droite et noire pour son antiquité, nue, sinon quelque linge autour de ses membres ». Elle était située contre la muraille septentrionale, et, pour une obscure raison, on la fit abattre, en l'an 1514, pour faire mettre à sa place une grande croix rouge.

Dessin de Rembrandt représentant le docteur Faust.

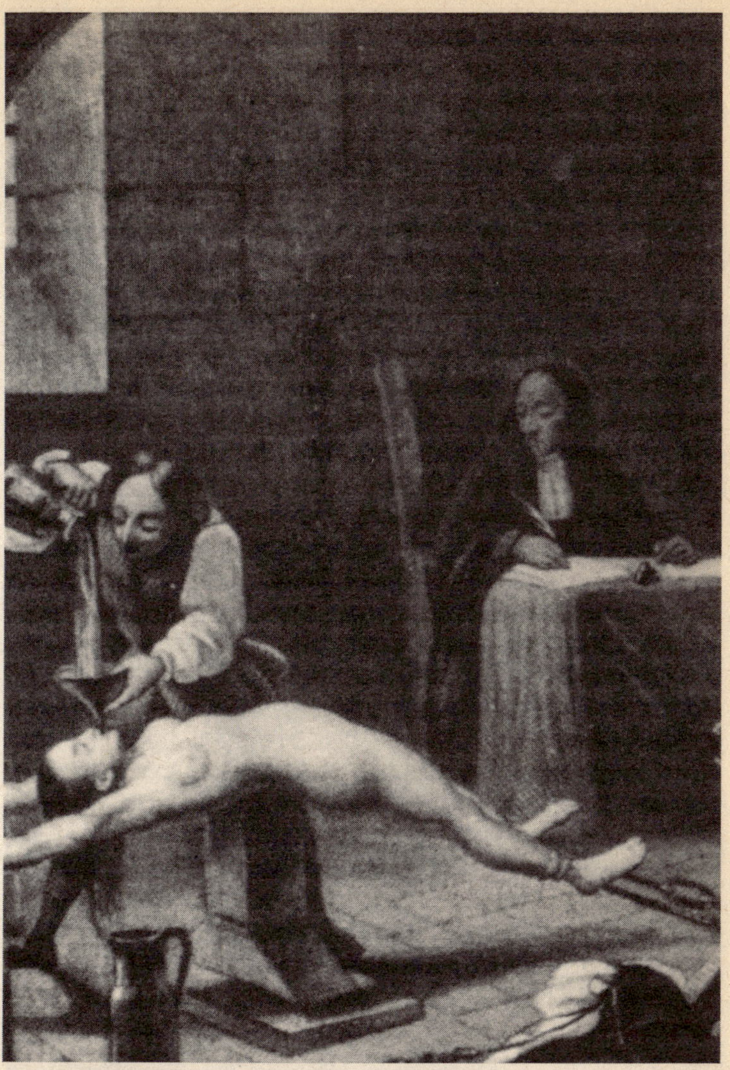

Torture infligée à la marquise de Brinvilliers, célèbre empoisonneuse du XVIIe siècle.

Catacombes de Paris, souvent utilisées, au XVIIIe siècle, pour des cérémonies de magie noire.

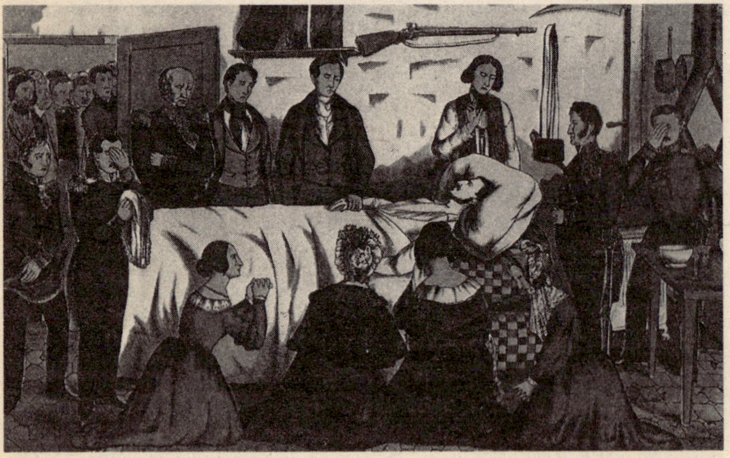

Mort du duc d'Orléans, victime probablement d'un envoûtement, en 1842.

Tombe mystérieuse du cimetière du Père-Lachaise, lieu de cérémonies occultes.

Ce dernier détail est hautement significatif. Il permet d'avancer qu'on détruisit l'image parce que, justement, elle donnait lieu à certaines manifestations sacrilèges, sans aucun doute de basse sorcellerie. Il était en effet d'usage de dresser une croix ocre ou rouge aux emplacements qui avaient été exorcisés.

L'histoire secrète et l'étymologie de Paris sont-elles, oui ou non, liées à la grande magicienne ? Il se pourrait aussi que les cultes isiaques aient été apportés bien après la fondation de la ville, dans le sillage des armées romaines qui véhiculèrent dans leurs bagages, comme on le sait, nombre de croyances et de rites en provenance de tout le bassin méditerranéen.

Quoi qu'il en soit, cette vénération pour Isis se retrouve périodiquement, d'un siècle à l'autre, tout au long de l'histoire insolite de la capitale. En 1643, on arrêta deux sorcières en train de pratiquer nuitamment des envoûtements dans le cimetière Saint-Sulpice, à l'aide d'une figurine représentant la déesse pourvue de tous ses attributs occultes. En 1720, il existait une chapelle mortuaire au cimetière des Innocents, dans laquelle se réunissaient les sectateurs d'un culte isiaque pratiquant la nécromancie. Après 1850, sans doute à cause du décryptage des hiéroglyphes par Champollion et des nombreuses campagnes de fouilles organisées dans la vallée du Nil, une véritable mode d'égyptologie sacrée s'empara de l'occultisme parisien. Même l'architecture en porte trace, avec ses innombrables sphinx et l'Égyptien hiératique qui verse l'eau d'une fontaine de la rue de Sèvres… Les Papus, Éliphas Lévi et autre de Guaïta retrouvent ou croient retrouver les grands secrets de la magie pharaonique. On adore Isis à Montparnasse, et même, pour une petite secte qui sera démantelée à cause de ses excès en 1891, dans une salle des catacombes où l'arsenal morbide des os et des crânes savamment disposés favorise tous les débordements.

De nos jours, il y a plusieurs groupements initiatiques à Paris qui se réclament de la magicienne, qui fut peut-être la déesse tutélaire de la ville. Sont-ils, comme ils le prétendent, en possession des secrets de sorcellerie qui lui permirent de reconstituer et de faire revivre le corps de son époux Osiris, coupé en morceaux par Seth, le dieu rouge du désert ?

Il est permis d'en douter...

On retrouvera d'ailleurs ces éléments insolites des cultes isiaques parisiens dans les autres directions, parfois simplement surprenantes, mais bien souvent sinistres, prises par l'« autre histoire » de la capitale. En pourchassant les rites druidiques et toutes les croyances de l'Antiquité, le christianisme apporta avec lui une entité qui fera une étonnante carrière à Paris : le diable...

A Paris comme ailleurs, le Satan traditionnel que nous donnent à connaître l'imagerie et la tradition, avec ses cornes et ses pieds fourchus, n'apparaît guère avant le XIe ou le XIIe siècle. Et pour l'historien des religions, c'est avant tout une figure étonnamment composite, bien davantage qu'une entité originale du dogme chrétien.

Afin de combattre l'influence des anciens rites et de la faire disparaître en profondeur, le christianisme s'est efforcé d'en assimiler, d'une manière ou d'une autre, les éléments principaux, quand ils pouvaient s'accorder sans trop de mal avec ses propres conceptions. Il a bâti ses églises sur les vieux temples et a donné à ses Grandes Mères les traits de la Vierge Marie. De la même manière, il a insensiblement transformé Ésus, Pan ou Cernunnos en une image unique, celle du diable, à laquelle il a superposé l'entité par excellence maléfique du Satan de la Bible.

Trop unilatéral et, de plus, trop souvent assorti de contrainte, ce syncrétisme devait laisser subsister une foule de croyances et d'habitudes religieuses qui sont, pour beaucoup, à l'origine de l'histoire mystérieuse de Paris. Culte d'Isis, magie des druides et rites en tout genre, devenus occultes par nécessité, vont traverser les siècles malgré les anathèmes. Connotés par les autorités avec l'entité satanique, réduits à la clandestinité, ils attireront à eux les personnages les plus troubles et serviront fréquemment de prétextes ou de moyens aux desseins les moins recommandables.

Le règne du Satan parisien ne pouvait trouver meilleur terrain où s'exercer. A l'origine, cependant, et durant une grande partie du Moyen Âge, les rôles ne sont pas aussi bien départis. Malgré les ordonnances et autres capitulaires, on vit toujours le temps du merveilleux, des songes prophétiques, des charmes et des enchanteurs. Il n'est pas facile, autant pour les responsables religieux que pour les fidèles, de démarquer le nouvel ordre des croyances de l'ancien. Ce dernier, d'ailleurs, ne comportait pas qu'erreurs et aberrations. Les grands esprits de l'époque en sont naturellement persuadés, et les structures répressives du christianisme ne sont pas encore parfaitement en place.

Parmi ces maîtres à penser, l'un des plus éminents est Albert de Cologne, qui est justement demeuré dans les mémoires sous une image pour le moins paradoxale : celle du théologien et du savant parfaitement orthodoxe, et celle du magicien qui a laissé aux siècles à venir le plus célèbre de tous les grimoires de basse sorcellerie, *Les Merveilleux Secrets du Grand et du Petit Albert.*

Issu de la prestigieuse famille des comtes de Bollestaedt, il est né en Allemagne, dans le diocèse d'Augsbourg. Entré dans l'ordre de Saint-Dominique, il a étudié à Padoue, à Bologne, puis à l'université de Cologne, l'une des plus renommées de tout le monde chrétien, avant de venir s'installer à Paris pour y enseigner. Il habite une maison de la rue dite, alors, « Perdue », l'actuelle rue Maître-Albert, et prodigue ses leçons sur la place Maubert, dont le nom pourrait être une déformation du sien.

Pour un « moderne », le personnage est des plus curieux. Il est à la fois un spécialiste de l'exégèse des Écritures, un savant très en avance sur son temps (il prône la méthode expérimentale), un alchimiste et un occultiste redoutable. On connaît une partie de sa correspondance avec Roger Bacon, autre chercheur insolite qui serait parvenu à découvrir la pierre philosophale, ses échanges avec Raymond Lulle, qui rêve lui aussi à la fabrication initiatique de l'or, ou avec l'étrange Arnaud de Villeneuve, de Montpellier, lui aussi à la fois « abstracteur de quintessence », magicien et philosophe…

Dans sa maison de la rue Perdue, il a construit un laboratoire. Il y pratique la magie cérémonielle et, sans doute, la nécromancie, encore point trop réprimée par les autorités ecclésiastiques de ce temps. Le feu perpétuel brûle sous l'athanor où s'opèrent les transmutations secrètes. Déjà, cependant, il faut agir avec prudence quand on s'occupe de ces choses. Le soufre alchimique commence à sentir son enfer.

« … Le mage alchimiste doit être discret et silencieux, écrit maître Albert, habiter une maison particulière, dans laquelle il y ait deux ou trois pièces réservées à ses travaux, choisir son temps et les heures de son travail, être patient et persévérant, en exécutant, selon les règles, la trituration, la sublimation, la calcination, la solution, la distillation et la congélation, ne se servir que de vaisseaux de verre ou de poterie vernissée… »

Malgré sa notoriété, le savant aura maille à partir avec les tenants du nouvel ordre des choses en la personne de l'un de ses meilleurs disciples, Thomas d'Aquin, qui acquerra par la suite la renommée de théologien que l'on sait. Le jeune homme admire son maître, mais il refuse d'admettre « la magie naturelle des herbes et des plantes, influencée par les étoiles ». Il ne veut pas entendre parler d'astrologie, et encore moins d'évocation nécromantique.

Selon les témoins de l'époque, l'alchimiste aurait réussi à fabriquer, dans le laboratoire de la rue Perdue, une tête artificielle, douée de mouvement et capable de répondre aux questions qu'on lui posait. Pour Thomas d'Aquin, c'est un défi à la création divine, que les dogmes interdisent de singer. D'autant qu'à travers les lèvres de métal, on murmure que maître Albert fait s'exprimer les morts, voire de ces esprits de la nature, sylphes et autres génies, que le christianisme réfute.

Après des heures de polémique avec Albert le Grand, le disciple brisera la tête maléfique à coups de bâton.

C'est bien lui, cornes et rictus, qui apparaît aux vantaux latéraux de Notre-Dame de Paris. Les chanoines commandèrent ces ferronneries à un serrurier du nom de Biscornet, dans les années vingt du XIVe siècle. L'homme accepta. L'occasion était belle et unique d'assurer sa réputation pour un jeune artisan plein d'ambition. Mais le travail était trop important pour sa forge. Alors il se coula un soir par les rues basses de l'île et gagna l'officine d'un suppôt de Satan, le nouveau réprouvé à la mode. Il signa un pacte, comme le célèbre docteur Faust, avec le sang de son index. Et le diable l'assura de son assistance.

La veille du jour où il devait rendre son œuvre, il tomba en syncope. Quand il s'éveilla, les chanoines de Notre-Dame étaient déjà là, admirant des ferronneries grandioses auxquelles il n'avait pas un seul instant prêté la main. Satan avait œuvré pour lui.

On est encore de nos jours stupéfait par la qualité du travail. Dès 1724, l'historien de Paris, Paul Sauval *(Histoire et recherches des antiquités de Paris)*, relevait cette énigme :

« … Ces portes sont admirées de tout ce qu'il y a de serruriers. Le bas est tout couvert de bouillons et de revers de feuilles tournées et travaillées avec étonnement, tant pour la grandeur que pour la beauté de l'ouvrage, et d'autant plus que ceux du métier n'ont pu connaître aisément sa fabrique, car les uns croient que c'est du fer moulé, qu'ils appellent « fer de barreau » ; d'autres disent qu'il est fondu et limé ; d'autres prétendent qu'il est battu au marteau… Ce qui est certain, c'est que ce secret fut perdu par la mort de Biscornet, qui avait si peur qu'on ne le lui dérobât que personne, à ce qu'on dit, ne l'a vu travailler… »

On posa les vantaux en grande pompe. Mais, cela fait, nul ne les put ouvrir. Il fallut les asperger d'eau bénite et réciter l'exorcisme pour y parvenir. Biscornet, le serrurier, se cacha pendant des semaines et relut son pacte, qui ne lui laissait sans doute guère d'échappatoire. Il mourut peu après, et l'on raconte que sur sa tombe, au cimetière des Innocents, le vieillard satanique se livra à d'étranges conjurations pendant les mois qui suivirent…

Ce Moyen Âge parisien fourmille décidément de contradictions. Le 18 mars 1314, on juge Jacques de Molay, grand maître du Temple, et les dignitaires de l'Ordre sur le parvis de Notre-Dame. Ils seront brûlés dans l'île aux Juifs (actuelle partie sud de la place Dauphine) pour hérésie, sortilèges, vénération d'idoles (le « Baphomet satanique »), sodomie et autres griefs. Peut-être étaient-ils trop riches. Peut-être aussi gardaient-ils certains secrets retrouvés par les adeptes en Orient ou dans les multiples régions du monde d'alors, contrôlées par les commanderies de l'Ordre. Peut-être encore voulaient-ils, parallèlement à leur allégeance monastique à la religion du Galiléen, se souvenir de ces anciens cultes, aux rituels très profitables, que le christianisme taxait, dès le XIVe siècle, de basse sorcellerie.

Le petit Baphomet du portail de l'église Saint-Merri n'est pas d'époque, quoi qu'on en ait écrit. Il date des rénovations de l'architecte Viollet-le-Duc, au siècle dernier. Des sociétés initiatiques se réclamant du Temple le reconnaissent cependant, aujourd'hui, pour une image tout à fait fidèle de l'idole mystérieuse des chevaliers du Temple. Elles le révèrent dans des cellules, souvent souterraines, où l'on se réunit entre initiés, à quelques pas de l'église. Cette dernière est elle-même le théâtre de rites que l'autorité ecclésiastique tolère, si elle ne les admet pleinement. L'ésotérisme templier a survécu, quelque fantaisistes ou étranges que soient parfois les formes qu'il a choisies.

On a condamné le Temple en 1314, mais, soixante ans plus tard, le plus célèbre des alchimistes, Nicolas Flamel, n'a pas été un seul instant inquiété ! Son histoire est trop connue pour qu'on la rapporte en détail. Il est curieux qu'elle ne soit pratiquement jamais mise en doute. Le petit écrivain public qu'il était s'est un beau jour trouvé à la tête d'une fortune colossale. Au retour d'un voyage initiatique à Saint-Jacques-de-Compostelle, il paraît qu'il a découvert la fabuleuse pierre des philosophes qui transforme tout en or dans le creuset des alchimistes ! Ce pourrait être une légende, mais les faits sont là. Le modeste artisan a richement doté l'église Saint-Jacques-la-Boucherie, dont subsiste uniquement aujourd'hui la célèbre et mystérieuse tour Saint-Jacques. Avec dame Pernelle, son épouse, ils ont fait construire à leurs frais toute une arcade du cimetière des Innocents. Et, au numéro 51 de la rue Montmorency, ils ont bâti une maison (toujours en place) où les pauvres gens sont logés gratuitement pour peu qu'ils s'engagent à réciter un *Pater* et un *Ave* pour le repos des trépassés...

Flamel était-il un homme de Dieu, comme il l'a mille fois prétendu, ou du diable, comme il a été souvent dit ? Nul ne le saura sans doute jamais.

Il se peut qu'il ait eu connaissance de certaines données pratiques de la magie de l'Ancien Monde qui lui ont mystérieusement permis de faire aboutir ses desseins. Peut-être a-t-il évoqué les défunts, pour lesquels il demandait de prier dans son auberge ouverte au tout-venant… La condamnation sans appel de toute forme de nécromancie et d'invocation des esprits par l'autorité religieuse a certainement une raison d'être.

Quoi qu'il en soit, le mystère de Flamel et de dame Pernelle demeure. Ils ont acquis gloire et fortune par des moyens jugés, même à leur époque, énigmatiques. Ils ne sont presque pas mythiques, puisqu'il subsiste des traces tangibles d'eux-mêmes et de leurs actes… Dieu ou diable, ils ont marqué l'histoire étrange de Paris d'une empreinte spécifique qu'il faudra bien quelque jour reconnaître pour telle…

Les sinistres empoisonneuses de la capitale

D'après les occultistes, le quartier Maubert, au même titre que le haut de la rue Mouffetard, la rue de la Grange-aux-Belles avec ses vestiges souterrains du gibet de Montfaucon ou la cour du Commerce, ancienne cour des Miracles, serait un des hauts lieux stratégiques de la géographie secrète de Paris.

Il s'y passe périodiquement des choses, vous diront-ils, qui ponctuent de manière significative l'histoire étrange de la capitale. Rendez-vous mystérieux, crimes inexplicables et d'ailleurs inexpliqués, manifestations surnaturelles, habitants ou encore passants curieux et inclassables...

Dans l'impasse qui se souvient des pas d'Albert le Grand et qu'on appelait en ce temps cul-de-sac d'Amboise (actuellement impasse Maubert), une petite femme aux grands yeux azur et aux magnifiques cheveux châtains lui battant les épaules se hâte vers la demeure du sieur de Sainte-Croix. Marie-Madeleine de Brinvilliers ne court pas de la sorte à un rendez-vous galant ordinaire. Certes, Sainte-Croix, bâtard d'une bonne maison de Gascogne, est son amant en titre.

Mais c'est de plus un sorcier empoisonneur dont le laboratoire de la rue d'Amboise regorge de toutes les substances secrètes propres à dispenser amour ou haine et surtout de ces « poudres de succession » tellement prisées par les grands et les plus humbles de l'époque.

Elle a ainsi expérimenté sur son propre père, qui prisait peu ses aventures extra-conjugales, une préparation du galant à base d'arsenic, de vitriol et de venin de crapaud qui a fait merveille. Le 10 septembre 1666, le prude a succombé à une crise de vomissements à laquelle les apothicaires n'ont rien compris. La jolie petite marquise s'est assurée de l'efficacité de la recette sur les malades des hôpitaux qu'elle visite de manière touchante en leur apportant des friandises !

Envoûteuse par surcroît, liée à un certain nombre d'avorteuses qui lui fournissent la matière première de concoctions bien précises, la belle empoisonnera de la sorte jusqu'en juillet 1672. Le 31 de ce mois, Godin de Sainte-Croix meurt – ô miracle ! – de mort naturelle.

Le commissaire de police Picard perquisitionne à son cabinet de l'impasse Maubert. On y trouve un four d'alchimiste, tout l'arsenal du sorcier nécroman et surtout une cassette qui contient la preuve des exactions de la marquise de Brinvilliers.

La célèbre affaire des Poisons venait de débuter.

On n'arrête la marquise que trois jours plus tard, à Liège, avec sur elle une liste manuscrite de tous ses forfaits. Des dizaines d'empoisonnements, des envoûtements au cours desquels elle donnait un coup de main au diable, des machinations impensables mettant en cause de grands personnages du royaume…

Elle avouera tout mais n'en subira pas moins la question, et le 16 juillet 1675, elle sera décapitée en place de Grève, où tout Paris est accouru pour assister à l'événement.

« … C'en est fait, écrit Mme de Sévigné à sa fille, la Brinvilliers est en l'air. Son pauvre petit corps a été jeté, après l'exécution, dans un fort grand feu, et les cendres au vent, de sorte que nous la respirons et que, par la communication des petits esprits, il nous prendra quelque humeur empoisonnante dont nous serons tous étonnés… »

La célèbre épistolière n'était sans doute pas clairvoyante mais certainement des mieux informées !

Le lieutenant de police La Reynie, par ailleurs bien connu pour avoir assaini l'inextricable quartier de la cour des Miracles, cherche, depuis 1673, à démanteler un effroyable réseau d'avorteuses, sorcières, empoisonneurs et satanistes dont les mailles s'étirent jusqu'aux plus hautes sphères de la société de Cour.

Les arrestations commencent dès 1674. On embastille, par exemple, le chevalier de Rohan (l'un des grands noms du royaume) qui pratique l'alchimie et sans doute d'autres arts beaucoup moins inoffensifs, avec un érudit hollandais du nom de Van den Enden.

Avec Latréaumont et le jeune Cauzé de Nazelles, ils complotaient de plus contre Louis XIV, projetant même un enlèvement du roi, dûment envoûté auparavant !

On conspire beaucoup à la cour du Roi-Soleil. Et tout ce beau monde se fournit en philtres, poisons et autres statuettes chez les innombrables sorciers de Paris.

Ces derniers courent les cimetières pour se procurer les ingrédients nécessaires à leurs préparations. D'atroces trafics de cadavres et même de nouveau-nés se sont organisés dans les bas quartiers de la capitale. Il ne se passe guère de mois sans que les hommes de La Reynie ne mettent la main sur une avorteuse ou une distillatrice de liqueurs perfides. Et avec l'affaire des Poisons, ils n'ont pas fini d'être à la tâche…

Ne dit-on pas que Françoise Athénaïs de Tonnay-Charente, marquise de Montespan, a gagné les faveurs du roi par des procédés de basse sorcellerie ? Elle a effectivement fait dire plusieurs messes noires dans la crypte de Saint-Séverin pour demander au diable de l'aider à remplacer Louise de La Vallière dans le cœur de Louis XIV.

Le prêtre de l'église, dont le cimetière sert de rendez-vous à tous les sorciers de Paris en quête d'ossements et de larves sépulcrales, est un fervent sataniste. Il a procédé à une conjuration spéciale avec deux pigeons baptisés Louis et Louise (du nom des deux personnes qu'on veut amener à se haïr). Le sortilège a été jeté pendant la messe diabolique au cours de laquelle on a fait réciter à la jeune ambitieuse l'invocation suivante :

« … Je demande l'amitié du roi et celle de monseigneur le dauphin; que la reine soit stérile, que le roi quitte son lit et sa table pour moi ; que j'obtienne de lui tout ce que je demanderai pour moi et mes parents ; que mes serviteurs et les domestiques lui soient agréables ; que, chérie et respectée des grands seigneurs, je puisse être appelée aux conseils du roi et savoir ce qui s'y passe et que, cette amitié redoublant plus que par le passé, le roi quitte et ne regarde La Vallière et que, la reine étant répudiée, je puisse épouser le roi ! »

Tout cela adressé à Satan par l'intermédiaire de son prêtre renégat officiant sur la femme nue… Le diable se rendit aux prières de la marquise. Moins d'un an plus tard, elle entrait, et pour longtemps, dans les bonnes grâces du souverain.

Mme de Montespan a connu Mariette par une personne peu recommandable qui ne va pas tarder à défrayer la chronique. Catherine Voisin exerce le métier de tireuse de cartes et d'avorteuse. La nouvelle favorite du roi continuera de la fréquenter pour en obtenir les philtres destinés à éloigner ses rivales.

La sorcière organise pour elle maintes nouvelles messes noires, en particulier à chaque fois que le roi suit d'un peu trop près Mme de Soubise ou Mlle de Rochefort-Théobon.

Au procès des Poisons, la fille de la Voisin témoignera de cette intense activité sorcière de la marquise. Une activité parfois odieusement criminelle puisqu'une véritable cérémonie satanique exige pour être efficace le sacrifice d'un enfant.

« … Ma mère a porté plusieurs fois à Mme de Montespan, à Saint-Germain, à Versailles, à Clagny, des poudres pour l'amour, pour faire prendre au roi, qui avaient passé sous le calice… J'ai été présente à cette sorte de messe et j'ai vu que la dame était étendue toute nue sur un matelas, les jambes pendantes, une serviette sur le ventre et le calice sur la serviette. Le prêtre qui officiait était le vieux Guibourg. Un jour, on a présenté à la messe un enfant paraissant né avant terme, qui a été mis dans un bassin et égorgé ; Guibourg versa le sang dans le calice, le consacra avec l'hostie, acheva sa messe, puis fit prendre les entrailles de l'enfant. Ma mère porta le lendemain distiller le sang et l'hostie dans une fiole de verre, que Mme de Montespan emporta… »

La vie d'un enfant compte peu pour une criminelle comme la Voisin qui distribue quotidiennement des philtres empoisonnés à sa riche clientèle. Elle n'était pas la seule à le faire dans le Paris de l'époque où la sorcière donnait volontiers un coup de pouce au diable !

« Encore trois empoisonnements et je peux me retirer, fortune faite ! » déclarait un soir à dîner, devant toute une société de très grands seigneurs de haute lignée, la tireuse de cartes Marie Bosse…

Maître Perrin, un avocat convié à sa table s'inquiète de ce genre de propos et en parle à un de ses amis, le capitaine Degrez, qui s'est jadis occupé de l'affaire Brinvilliers. On ouvre une enquête. On tend des chausse-trapes à la bande tandis que deux événements précipitent les choses.

Le 5 septembre 1678, dans l'hôtel de la Petite Angleterre, rue d'Anjou-au-Marais, on arrête un groupe d'alchimistes parmi lesquels Pierre Cadelan, secrétaire du roi et banquier, et un aventurier du nom de Vanens sous inculpation d'espionnage.

On s'aperçoit très vite que les abstracteurs de quintessence n'ont peut-être pas découvert le secret du Grand Œuvre mais qu'ils s'adonnent à la magie noire et aux poisons. Eux aussi fournissent à la Montespan des recettes infaillibles pour garder la faveur du roi. Ils sont d'ailleurs, de près ou de loin, liés aux autres fabricants de « poudres de succession » diaboliques de la capitale. On a aussi arrêté la Bosse, une certaine Vigouroux et quelques autres.

Fin 1678, début 1679, Mlle de Fontanges vient d'arriver à la Cour et menace fort de supplanter la Montespan. Cette fois, les messes noires demeurent sans effet.

« Ma mère, dira la fille de la Voisin au procès, m'a confié que Mme de Montespan voulait, dans ce moment, tout porter à l'extrémité et la voulait engager à des choses où elle avait beaucoup de répugnance. Puisque la magie, aussi noire soit-elle, ne donnait rien, il ne restait qu'à empoisonner la rivale et le roi avec, pour faire bonne mesure. »

Aveugle de dépit, Mme de Montespan promet 100 000 écus. Un conseil de guerre se réunit chez la Voisin, rue Beauregard. On décide du plan à suivre.

Pour Mlle de Fontanges, des gants qui l'empoisonneront sans laisser de traces en moins d'une semaine. Pour le roi, un parchemin, lui aussi enduit d'une poudre mortelle. Les sujets de Louis XIV sont en effet autorisés à lui remettre ainsi, en audience publique, une fois par semaine, leurs suppliques et doléances…

La Voisin part à la Cour qui se trouve à Saint-Germain le dimanche 5 mars. Elle ne peut approcher le roi et compte tenter à nouveau sa chance une semaine plus tard. Mais le 10, alors qu'elle revient de Notre-Dame-de-Bonne-Nouvelle, elle est enfin arrêtée.

Conduite par La Reynie, l'enquête va révéler un inimaginable réseau de crimes, de sortilèges, de cérémonies sataniques sanglantes, d'avortements clandestins…

Les plus hauts personnages du royaume sont mis en cause, des femmes surtout. La comtesse de Soissons, la marquise d'Alluye, la princesse de Tigny, plusieurs épouses de conseillers au Parlement, un grand nombre de proches du roi… Il fallait être riche pour monnayer les services des prêtres et des « vestales » de Satan !

Même le poète Racine, académicien et historiographe de Louis XIV, sera inquiété. On le suspecte d'avoir acheté à la Voisin une certaine fiole de liqueur jaune pour empoisonner sa maîtresse, l'actrice Du Parc…

La Voisin est brûlée vive, le 22 février 1680, après avoir fait des aveux complets. Malgré le secret imposé aux juges qui instruisent la ténébreuse affaire, le bruit se répand qu'on voulait empoisonner le roi en personne.

Quand Mlle de Fontanges mourra d'une étrange maladie, on est bien persuadé, quoi qu'en disent les médecins, que la Montespan est au moins arrivée à mener à bien une partie de son dessein.

La Chambre ardente, juridiction spéciale pour juger les personnes de naissance élevée, ô combien nombreuses dans cette histoire, siège jusqu'en juillet 1682: 210 séances, 319 personnes arrêtées… Puis, le roi veut qu'on oublie.

Souverain aux ambitions solaires, Louis XIV admet sans doute mal qu'un tel univers de sorcellerie ait pu faire irruption dans son règne. Le diable et son train retournent à la nuit et à la clandestinité.

Sorcellerie à la Cour du roi

Nulle période, sinon la nôtre, n'est peut-être aussi paradoxale que le Siècle des lumières dans l'histoire de Paris. L'ère nouvelle de la raison ne s'étonne en rien de l'immortalité initiatique de Saint-Germain. Les encyclopédistes côtoient Cagliostro, le grand copte, et l'éblouissante Séraphita, son inquiétante épouse. Au cimetière Saint-Médard, c'est l'hystérie sur la tombe du diacre Pâris. Quand les convulsionnaires dépassent cependant les limites pourtant souples, en ce temps, de la décence, on mure l'enceinte de la petite nécropole pour mettre fin aux abus. Mais c'est le plus sérieusement du monde que l'on cloue sur la porte cette extraordinaire inscription :

De par le roy, défense à Dieu
De faire miracle en ce lieu.

A vrai dire, surtout dans les hautes sphères de la société, on s'accommode fort bien de ce qui nous paraîtrait aujourd'hui contradictoire. On ne croit plus autant en Dieu. On préfère donc le diable, plus libéral et plus excitant. Jusqu'à ce qu'il aille un peu trop loin et que son intrusion dans le siècle tourne au scandale ou à l'horreur…

Dès 1706, Philippe d'Orléans, le futur régent du royaume, descend aux carrières de Val Gérard (Vaugirard). Le Paris souterrain de l'époque était déjà un haut lieu de l'étrange et de la magie noire. Pour le duc et ses deux roués, Louis-Claude Fontenay et Victor-Maurice de Broglie, il s'agit d'évoquer le diable dans ces anciennes carrières où il apparaît, dit-on, plus volontiers qu'ailleurs.

Le neveu de Louis XIV s'intéresse depuis toujours à ces manifestations. « … Sa curiosité, écrit de lui Saint-Simon, jointe à une fausse idée de la fermeté et du courage, l'avait toujours occupé à chercher à voir le diable et à le faire parler. »

Le vit-il à Montsouris ? Certains historiographes prétendent que, grâce à la conjuration dite du crapaud dans les grimoires, le futur régent et ses amis l'évoquèrent sous la forme d'un grand escogriffe barbu et à moitié nu, dont le visage était atrocement balafré. Philippe avouera lui-même à Saint-Simon que la cérémonie, plusieurs fois tentée avec toutes les variantes en vigueur, avait toujours été assez décevante.

Cela ne l'empêchera pas de croire très fort et jusqu'à la fin aux techniques de sorcellerie. Dans sa chambre du Palais-Royal, on retrouvera une cachette ménagée dans le mur où il gardait tous les grands grimoires de son temps, des manuscrits ésotériques, un squelette, plusieurs têtes de mort et tout l'attirail du nécromant…

Le goût de Philippe d'Orléans pour l'occultisme opératif n'ira cependant jamais jusqu'aux exactions d'un autre grand, Charles de Charolais, le fils du prince de Bourbon-Condé. L'homme est singulier. D'Argenson l'aîné, dans ses Mémoires, écrit de lui : « … Sa branche est sujette à la folie et il alluma sa fureur par force vin pur, n'y mettant jamais une goutte d'eau. »

La nuit, on entend d'étranges cris dans son hôtel de la rue de Bellefond, des gémissements étouffés. Il en sourd des odeurs insolites d'encens et de fumigations. Mais il y a tant de grands du royaume qui tâtent de la sorcellerie et des messes noires, le plus souvent orgiaques, que tout cela n'étonne pas trop les voisins et la police.

En avril-mai 1750, des émeutes ont éclaté à Paris, à la porte Saint-Denis et au faubourg Saint-Germain en particulier. Des enfants disparaissent mystérieusement, et ce sont les officiers de police du roi que l'on accuse de ces enlèvements. On soupçonne le pouvoir de les acheminer vers les Amériques, où il faut peupler les nouvelles colonies. La police enquête. Pour le lieutenant Berryer, avec lequel a été créé le Bureau de sûreté qui deviendra par la suite notre actuelle Police judiciaire, cela sent la sorcellerie criminelle.

Ses « indics » remontent les pistes qui, toutes, aboutissent à l'hôtel de la rue de Bellefond. Depuis deux ans, le prince de Charolais est atteint d'une maladie de peau qui le fait atrocement souffrir. On a parlé de la lèpre. Toujours est-il que, peu confiant dans les apothicaires, il a mandé tous les sorciers et occultistes de sa connaissance. Un mage noir l'a assuré qu'il lui fallait prendre des bains rituels de sang humain. Comme il n'y a pas plus pur et donc plus efficace que celui des enfants, Charolais en fait enlever autant qu'il faut pour se livrer convenablement à ses répugnantes ablutions.

Louis XV se contentera de l'éloigner de la Cour. Le sang des petites victimes aurait pu éclabousser davantage le pouvoir si l'on n'avait étouffé l'affaire. Charolais mourra dix ans plus tard à Montmorency, où il n'a pas abandonné ses activités occultes. Le diable, disent les historiographes, était au rendez-vous de son enterrement, qui se fit « par un temps si épouvantable que les paysans croyaient sincèrement tous les démons de l'enfer déchaînés pour assister à ses funérailles »...

Dans le Paris des années cinquante de ce siècle, les sectes, les sociétés secrètes et les cellules initiatiques de toutes sortes foisonnent. Les mystérieux rose-croix, qui affirment avoir réussi la transmutation alchimique, avoir trouvé le secret de l'immortalité physiologique et, d'une façon générale, posséder tous les secrets de la cabale, sont dans la capitale. Ils s'y livreraient à des rites étranges au cours de cérémonies très fermées auxquelles rêvent d'avoir accès les aristocrates férus de magie et de sensations nouvelles.

Le comte de Saint-Germain, l'un des plus énigmatiques personnages de l'histoire, serait des leurs. Il a fait couler tant d'encre qu'il n'est pas plus nécessaire de revenir sur son cas que sur celui d'un autre mage insolite dont le charlatanisme est cependant plus avéré, au moins pour certaines de ses activités, Joseph Balsamo, qui se fait appeler comte de Cagliostro. Mieux vaut s'attarder sur Casanova de Seingalt, moins connu, mais non moins mystérieux et significatif des paradoxes du temps.

Vers 1750, il est arrivé depuis peu à Paris. Il se dit cabaliste rose-croix, et il semblerait que ses talents de sorcier guérisseur soient tout à fait réels. N'a-t-il pas guéri le comte de la Tour d'Auvergne d'une sciatique irréversible en dessinant sur sa cuisse avec un onguent mystérieux le célèbre sceau de Salomon ? Il doit être aussi quelque peu alchimiste. On le voit partout jeter l'or à pleines mains, comme le comte de Saint-Germain. On dit aussi qu'il sait communiquer avec tous les esprits élémentaires et un bon nombre de démons qu'il convoque à son gré au cours d'évocations particulièrement spectaculaires…

Voilà que la marquise d'Urfé, à laquelle l'a présenté le comte miraculé, s'entiche de lui. Elle est riche, et, tout alchimiste qu'il est, il a besoin de ressources pour mener le train de vie qu'il s'est fixé. En échange, il lui propose de réaliser un rêve dont on a aujourd'hui peine à croire qu'il ait pu habiter l'imagination d'une femme par ailleurs cultivée et du meilleur monde : Mme d'Urfé voudrait réaliser « l'hypostase de Paracelse », ce qui, en termes moins sibyllins, signifie qu'elle désire avoir un enfant d'un esprit élémentaire ou d'un démon. Précisons qu'il s'agit d'un enfant dans lequel passerait son âme propre, ce qui lui assurerait l'immortalité et, par la même occasion, lui permettrait d'expérimenter le changement de sexe, puisqu'il serait loisible de le faire naître mâle à travers l'expérience !

L'opération magico-cabalistique est mise en train. Mme d'Urfé a même couvert Casanova d'or pour qu'il lui trouve un poison très spécifique, par lequel elle devra mourir quand naîtra sa masculine réincarnation. Entre-temps, l'occultiste est mêlé à une autre histoire de sorcellerie crapuleuse et d'avortement. Il a voulu rendre service à une de ses anciennes amies de Venise, Justinienne Wynne, qui a eu le malheur de se faire mettre enceinte par un autre alors qu'elle souhaitait se faire épouser par le célèbre financier de la Popelinière, le plus opulent des mécènes de l'époque. On attaque aussi Seingalt en justice pour maintes créances impayées… Il sera arrêté le 2 décembre 1759, et la marquise d'Urfé mourra, persuadée qu'elle porte en son sein l'enfant magique dans lequel elle doit se réincarner.

Peu de gens aujourd'hui connaissent Casanova de Seingalt, escroc sans doute, mais peut-être vaguement inspiré et possesseur d'au moins quelques secrets de la tradition perdue. De nos jours, les adeptes du curieux mage vénitien sont davantage des tireurs d'horoscopes que de véritables détenteurs de la science secrète. Ils font néanmoins partie de cette population mystérieuse ou simplement insolite de la capitale, que l'histoire officielle ne permet que bien rarement de soupçonner et qui agit pourtant dans l'ombre...

En remplaçant, avec plus ou moins de bonheur, le Dieu de l'ancien régime et du clergé réfractaire, l'Être suprême de la Révolution ne chassa pas le diable et ses sorciers.

Des fantômes hantent la place de Grève, où se produisent depuis des centaines d'années les exécutions capitales. D'autres apparaissent toujours dans les carrières de Montmartre ou bien aux catacombes, où l'on a déjà transporté des charretées d'ossements en provenance des cimetières du Paris de jadis saturés et malsains. Mais c'est aux Tuileries que sévit le plus célèbre d'entre eux, celui qu'on appelle le « petit homme rouge ».

Il apparaît, dit-on, à chaque fois qu'un malheur menace les habitants du palais. On l'a décrit de bien diverses manières. Tantôt c'est un diablotin sautillant et égrillard. Tantôt c'est un démon plus digne, faustien, en quelque sorte, bien qu'il soit moins terrifiant que le Méphisto du mythe allemand. Mme de Campan, la suivante de Marie-Antoinette, l'a aperçu peu avant l'exécution de Louis XVI, pendant les premiers jours d'août 1792. On dit même que la reine était présente lors de la manifestation du petit lutin pourpre. L'apparition n'a rien dit. Elle s'est contentée de grimacer et de paraître se moquer des deux femmes. Il reviendra pour annoncer la chute de Napoléon, puis celle de Charles X.

Qui aurait pu penser que Bonaparte, jeune militaire sans solde puis empereur, ait fréquenté les sorciers et les astrologues ?

Bonaventure Guyon, un étrange professeur de mathématique céleste, et la grande mademoiselle Lenormand le reçurent pourtant. Ils lui prédirent son extraordinaire destinée, puis le déclin de l'aigle. Et rien n'empêche de croire qu'il accorda foi à ces voyances. Il remercia en effet l'obscur Bonaventure en le nommant bibliothécaire du Palais et, en ce qui concerne la renommée de la cartomancienne de la rue de Tournon, il faut reconnaître que l'empereur et Joséphine furent pour beaucoup dans l'incroyable succès de mode qu'elle connut au début du XIXe siècle.

Ce n'est certes pas le romantisme et ses implications multiples qui vont mettre en doute la suite de l'histoire mystérieuse de Paris. On peut même dire, au contraire, que tout l'occultisme florissant de la dernière partie du XIXe siècle et l'insolite de notre époque actuelle en vivent. Hugo fait surgir les fantômes du ventre de Paris et anime d'une existence étonnamment plausible les gargouilles de Notre-Dame. Dumas collectionne les histoires de revenants. Musset voit son double tout de noir vêtu.

Et le 26 janvier 1855, à une grille de la rue de la Vieille-Lanterne, des passants découvrent le cadavre pendu de Gérard de Nerval, son gibus noir en tête. Sur sa poitrine bleuie par un froid de – 18 °C, dessinés à l'encre, des figures de la cabale et le célèbre pentagramme de Salomon…

L’envoûtement du duc d’Orléans

Avec le roi Louis-Philippe, magie et initiations occultes atteignent-elles le plus haut représentant du pouvoir en personne ? On peut le penser. Dans la famille d’Orléans, on s’est toujours passionné pour la sorcellerie, même lorsqu’il fallait pour cela « pratiquer de la main gauche », comme on dit en ésotérisme, c’est-à-dire ne pas hésiter à recourir aux « services » de la magie noire pour faire aboutir ses desseins…

Le souverain n’échappe pas à son hérédité. Pendant son exil en Angleterre, il a beaucoup fréquenté les cabalistes, rose-croix et autres spécialistes du monde de l’étrange. On sait qu’il connaît sur le bout des doigts les grandes conjurations léguées par les initiés du siècle précédent. Il aurait lui-même pratiqué plus d’une évocation de nécromancie. Quant aux divers procédés d’envoûtement, que ce soit d’amour ou de haine, il les maîtrise sans conteste, bien qu’il répugne à donner dans une magie opérative.

Entre l’attentat de Fieschi, le 20 juillet 1835, et le coup de fusil manqué de justesse du garde Lecomte à Fontainebleau, en avril 1846, on a beaucoup essayé de l’assassiner. Nul n’a réussi.

Chaque fois, le roi en a réchappé comme par miracle. Et cela fait jaser. On prétend à la Cour comme à la ville que le souverain a quelque pacte avec l’invisible, à moins qu’il ne dispose d’une autre forme de protection magique. Sinon, pourquoi serait-il aussi insouciant de risquer sa vie, aussi plaisamment détendu alors qu’une balle vient de se loger à quelques centimètres de son front, dans un panneau de sa voiture, et que la bourre de la charge est encore prise dans sa perruque…

Le pacte ne doit pas entendre sa famille dans ses clauses… En

1842, le roi est inquiet. Son fils, le duc d'Orléans, a revu une ancienne maîtresse qui, nul ne l'ignore, s'adonne elle aussi à la magie d'amour et de haine. On a séparé jadis le prince de cette femme, par ailleurs mariée et donc peu susceptible d'entretenir avec lui quelque liaison que ce soit. Au cours de la scène de retrouvailles, le prince s'est blessé au doigt et la personne a soigneusement conservé le mouchoir plein de sang…

« Je n'aime pas que ce mouchoir ensanglanté soit resté entre ses mains » ne cesse de répéter Philippe Égalité à ses proches.

Il craint une chose qu'il connaît bien par sa culture ésotérique ; l'envoûtement de sang. C'est l'un des plus terribles. Tous les grimoires assurent que l'on peut conduire quelqu'un à la mort grâce à lui, pour peu qu'on applique convenablement le rituel. Et il y a des centaines de gens à Paris qui sont capables de le faire.

Le 13 juillet 1842, le duc d'Orléans part pour Neuilly dans une calèche à deux chevaux. Au bout de la route des Ternes, à l'actuel emplacement de la chapelle Saint-Ferdinand, qui d'ailleurs commémore le triste accident, les chevaux s'emballent sans raison aucune. Le prince est projeté hors de la voiture et il se fracture le crâne. Il meurt presque sur le coup.

Est-ce le maléfice du sang qui a fait son œuvre ou simplement le hasard ? Le roi penche pour la première hypothèse et sans doute a-t-il ses raisons. Il fait soigneusement laver les taches de sang qui maculent le pavé. L'initié craint qu'on utilise à nouveau cette précieuse substance pour porter préjudice criminel à toute la famille royale cette fois…

Le reste du siècle ne dédaignera ni la magie noire ni l'astrologie ni toutes les autres sciences occultes. Napoléon III s'intéresse à la voyance et il fréquente en particulier cet étonnant personnage, aujourd'hui complètement méconnu, que fut Edmond Billaudot. L'homme est un mage dans la plus grande tradition du terme. Il se vêt d'une longue robe aux motifs cabalistiques pour aller en consultation chez l'empereur. Il prédit la défaite de Sedan et voit dans un de ses rêves les combats de Verdun avec une incroyable précision. Mais le plus étrange est certainement une séance de

« somnambulisme », comme on disait à l'époque, au cours de laquelle il prend la main d'un mort et vit en transe la séparation de l'âme et du corps.

Entre 1860 et 1900, l'engouement pour l'occultisme, qu'il soit ou non « de la main gauche », gagne encore. On dit des messes noires aux quatre coins de Paris. Rue du Cherche-Midi, le ténébreux Huysmans (qui en tirera son roman initiatique *Là-bas*) pratique d'incroyables cérémonies sataniques. Il s'en défendra par la suite, mais sa connaissance de certains détails du rituel diabolique est beaucoup trop précise pour qu'il n'ait été mêlé de près à ses applications opératives.

Hippolyte Rivail, un petit comptable, devient Allan Kardec et donne tous les moyens d'évoquer les morts dans ses deux ouvrages qu'il dit inspirés de l'au-delà, *Le Livre des médiums* et *Le Livre des esprits*. Le spiritisme est né. Il va devenir une véritable mode dès 1890. Et, aujourd'hui encore, on peut remarquer que la tombe de son fondateur est toujours la plus fleurie au cimetière du Père-Lachaise !

Le chanoine Docre, l'un des inquiétants héros de *Là-bas*, n'est nullement un personnage imaginaire. Huysmans l'a carrément calqué sur l'une des plus terribles figures du satanisme de l'époque, l'abbé Boullan. C'était un excellent prêtre, docteur en théologie par surcroît, ancien supérieur d'une communauté religieuse, fort prisé de ses supérieurs… jusqu'à ce qu'il se découvre des dons de guérisseur-sorcier et qu'il tombe dans les grimoires et les rituels de la magie satanisante.

Huysmans n'a rien inventé. Le prêtre maudit qui célèbre une messe noire dans une cave parisienne devant une image caricaturale du Christ, nu sous ses vêtements sacerdotaux, avec une chasuble rouge ornée d'un bouc noir et d'un pentagramme renversé, a existé en la personne de Boullan.

Ce dernier proposait par exemple ses services et ceux, très particuliers, des religieuses de son diabolique harem pour aider dans les affaires. Rien n'a changé. Si vous désirez « être envoûté de fortune », selon la formule consacrée par les spécialistes, rendez-vous dans un certain débit de boissons de la rue Mouffetard. C'est, dit-on encore, l'un des points forts de la géographie secrète de la capitale. Ainsi, quand il y a des exécutions, le bourreau vient s'y recueillir avant d'aller mettre en train la célèbre machine de ce bon docteur Guillotin. Il est vrai qu'il a aussi affaire pour sa part aux magiciens. Un tueur officiel leur est, paraît-il, du plus grand secours pour certaines opérations très précises et nécessitant certaines connaissances et certains ingrédients…

Dans l'arrière-boutique de cet établissement, où vous ne pénétrerez d'ailleurs qu'en montrant patte blanche (ou noire ! ou fourchue !), vous rencontrerez le pourvoyeur des cérémonies sataniques. On dit au diable des messes comme à Dieu, avec des intentions, et l'on verse son obole. Pour quelques bonnes centaines de francs, il vous fera réussir dans certaines affaires délicates vous tenant à cœur. Il n'a pas son pareil pour éliminer les concurrents ou pour circonvenir le hasard à votre avantage.

Rien n'a vraiment changé depuis les terribles messes de l'abbé Boullan. Rien et surtout pas le danger qu'il y a à fréquenter ce genre de compagnie. Un danger occulte bien entendu, puisqu'on ne tient pas compte d'une éventuelle descente de police qui pourrait s'intéresser de près à ce qui se passe lors des conjurations sataniques. Le pacte de Faust, on s'en souvient, comportait certaines clauses à l'avantage du bailleur. De même la cérémonie noire.

L'abbé Boullan est mort d'un envoûtement jeté sur lui par les ennemis de ses pratiques, les rose-croix, représentés en particulier par le grand ésotériste Stanislas de Guaïta. Ce dernier n'a jamais fait qu'utiliser le choc en retour, l'énergie psychique ou surnaturelle mise en œuvre par le prêtre maudit au cours de ses rituels.

« … J'étais à Lyon, écrit Huysmans, le 3 janvier 1893, lorsque parvint chez l'abbé une lettre de la Rose-Croix, signée Guaïta, condamnant à mort par les fluides celui qui vient de mourir… »

Vers 1856, tous les amateurs d'occultisme et de sciences secrètes fréquentent le 120 du boulevard du Montparnasse, où s'est installé Éliphas Lévi. Il s'appelle en fait Alphonse Louis

Constant, et c'est un ancien séminariste vivant de sa plume et de son crayon. Il a hébraïsé son nom, quelques années auparavant, après avoir étudié la cabale et les doctrines ésotériques. De ces recherches – d'ailleurs très sérieuses – il a tiré plusieurs traités de science occulte et, en particulier, le célèbre *Dogme et rituel de haute magie*.

Lévi n'est pas un sataniste. Il s'en défend. Pour lui, la magie, avec ses conjurations et ses pactes, peut procéder d'entités autres que diaboliques. Il pense très sérieusement qu'elle constituera l'un des champs privilégiés d'investigation dans l'avenir. Il estime être personnellement appelé par son itinéraire spirituel, propre à justement empêcher que les forces ténébreuses d'un certain ésotérisme ne prennent le pas sur le véritable occultisme de l'adepte.

C'est pour cela qu'il se méfie de ce jeune prêtre à la fois insolent et timide, aux yeux étrangement hallucinés, qui, au début de cette année 1856, vient lui demander conseil. L'homme voudrait emprunter au maître le célèbre *Grimoire d'Honorius*, l'un des plus dangereux recueils de recettes noires jamais publié. Lévi lui demande ce qu'il veut en faire, et l'autre, énigmatique, répond simplement:

« J'ai une certaine mission à remplir. »

Un an plus tard, dans la nuit du 1er au 2 janvier, une voix réveille le mage.

« Viens voir ton père qui va mourir » dit-elle à son oreille.

Il sursaute, croyant dans un premier temps à une hallucination. Puis il se persuade que la voix mystérieuse venait effectivement de quelque part, de ce monde incertain peut-être, se dit-il, dont il s'occupe dans ses livres et ses opérations magiques. Une étonnante intuition l'oblige à errer tout le jour dans Paris et à se retrouver à l'église Saint-Étienne-du-Mont, où l'archevêque de la capitale inaugure en grande pompe la neuvaine de sainte Geneviève.

Là, il assiste horrifié à l'assassinat du prélat par le jeune homme venu jadis chercher chez lui le fatidique grimoire. Louis Verger n'avait sans doute pas réussi à découvrir le texte maudit dans lequel se lisent plusieurs envoûtements de mort dont la tradition sataniste vante l'efficacité. Il avait choisi le couteau. Dans la petite chambre qu'il avait louée, rue de Seine, on découvrira tout un arsenal de sorcier, des poupées de cire transpercées de clous, un cœur de bœuf en décomposition, des herbes maléfiques…

De nos jours, il y a dans la capitale plusieurs « fournisseurs en chambre » de ce genre de matériel. Bave et sang de crapaud se vendent fort bien, tout comme les ouvrages de magie d'Éliphas Lévi, qui constituent toujours pour leur éditeur d'excellents succès de librairie.

Le siècle de l'atome n'a jamais mis en péril le destin mystérieux d'un certain Paris. Il ne l'a même pas marginalisé. Sectes et sorciers passent des annonces dans les médias, et l'on parle très sérieusement de mettre l'alchimie au programme à la Sorbonne !

Et toutes les deux semaines, dans les caves de cette dernière, qui communiquent toujours avec deux des grands souterrains traversant la capitale, une étrange association réunit ses membres. Ils accèdent par une arrière-boutique de la rue Saint-Jacques à un étroit boyau voûté qui les conduit au lieu de prédilection de leur culte, une immense salle basse dont l'administration des Carrières de la ville ne connaît pas la destination initiale. Là, on adore le Baphomet du Temple. On lui sacrifie un coq, et non plus un enfant comme cela se faisait, paraît-il, par le passé…

RODOLPHE II, L'EMPEREUR PASSIONNÉ DE MAGIE BLANCHE

La Renaissance fut l'âge des découvertes scientifiques aussi bien que géographiques. Mais jamais l'art d'Hermès ne fut aussi florissant qu'à cette époque où se multipliaient les traités alchimiques et les officines des « faiseurs d'or ». Dans cette lignée des empereurs du Saint Empire, Rodolphe II de Habsbourg fut un passionné de magie, de cabale et d'hermétisme.

Peu après son couronnement, qui eut lieu en 1576, l'empereur germanique Rodolphe II décida de quitter Vienne, où il s'ennuyait, pour s'installer à Prague, ville où il était sûr de trouver un climat ésotérique plus conforme à ses goûts. Prague, en un mot, correspondait à son état d'âme.

Le monarque s'était fait conter l'histoire légendaire de la fondation de la cité par Libussa, reine de Bohême qui recherchait une capitale pour son royaume et un mari pour elle-même. Un mystérieux cheval blanc la guida vers une clairière de la forêt et lui fit découvrir le lieu marqué par son sabot, où devait s'élever Prague.

En même temps, la reine rencontra à cet endroit un beau chevalier nommé Premzil. Ce dernier devint son époux, dont devait naître sa dynastie. Cette histoire parait la ville d'un prestige magique aux yeux de Rodolphe.

Comme un diadème rehaussé par l'écrin vert de ses forêts, Prague portait plus haut encore son palais royal, le Hradschin, demeure solitaire et majestueuse située à l'écart de la multitude.

C'est l'historien Philippe Erlanger qui note fort justement l'aspect « étrange » de cette cité d'Europe centrale. « Cette terre, écrit-il, semblait attirer les manifestations du surnaturel. Les traditions païennes s'y mêlaient à celles de la cabale juive et aux croyances bizarres nées du christianisme. Les démons, les fantômes, les sorciers, les mages y pullulaient... Le sol, propice à leurs travaux à cause de ses richesses minérales, faisait proliférer les alchimistes qui, nulle part, ne poussèrent leurs recherches si loin. Tout cela fascinait Rodolphe. »

Cet âge fut celui de son fondateur éponyme : Faust, qui hanta les rues de Prague avant de scandaliser le monde par les prodiges de son art. A trois siècles de distance, le personnage « diabolique » inspira le génie de Gœthe et de Schiller. Le docteur Faust, peint par Rembrandt dans son cabinet, pour avoir voulu « escalader le ciel », fut le Prométhée de son temps.

Rodolphe échappa de peu à ce pénible sort. Il est vrai qu'il resta officiellement catholique.

Rodolphe se voulait le digne successeur d'Auguste, comme ses prédécesseurs Frédéric Barberousse et Frédéric II. Grand amateur d'objets d'art, la pièce maîtresse de sa collection était la *gemma augusta*, camée représentant l'apothéose d'Auguste.

Le monarque s'identifia avec son personnage au point d'en adopter le signe zodiacal : le Capricorne à queue de poisson (signe de terre, ascendant Verseau = air). Cet emblème fut, sur son ordre, reproduit sur nombre d'œuvres. D'autres objets portent l'inscription *Astrum fulgit Caesarum*, ce qui signifie : « L'étoile impériale brille. »

L'une de ses passions était la collection de pierres précieuses, qu'il accumulait dans ses coffres. Le souverain y voyait des vertus magiques dissimulées dans les couleurs. N'oublions pas la symbolique des gemmes si répandue à cette époque. Ainsi, en astrologie, chaque planète est en correspondance avec une pierre dont l'influence bénéfique s'étend à celui qui la porte : au Soleil, l'escarboucle et la couleur jaune ; à la Lune, le cristal de roche ; à Mercure, l'agate et les couleurs irisées ; à Vénus, l'émeraude et le vert ; à Mars, le rubis ; à Jupiter, le saphir ; à Saturne, l'onyx. L'empereur recherchait en particulier les émeraudes, dont il possédait les plus beaux spécimens rapportés de Perse.

D'instinct, Rodolphe sentait que de ces gemmes émanaient des ondes bénéfiques. Aussi prenait-il plaisir à laisser couler entre ses doigts ces fruits de l'alchimie naturelle.

Rodolphe II, monarque romantique, était souvent plongé dans des accès de mélancolie inexplicable, d'où seul pouvait le tirer quelque nouvel astrologue invité à la Cour, annonciateur d'un nouveau décret de la Providence, lu dans les étoiles.

Au début de son règne, l'empereur pratiquait les sciences occultes, qu'il avait apprises en Espagne, mais ne négligeait pas pour autant les affaires du royaume.

Cependant, après quelques années de pouvoir, dégoûté par le tour difficile que prenait la situation politique, il s'enferma dans le Hradschin pour se consacrer uniquement à l'astrologie et à la recherche de la pierre philosophale.

En astronomie, Rodolphe avait eu pour maîtres les plus grands noms : Tycho-Brahé et Kepler, qui étaient en même temps des astrologues. Comme le fait remarquer Louis Figuier : « Il avait reçu les premières leçons d'alchimie de ses médecins ordinaires, Thaddeus de Hayec, et plus tard Michel Mayer et Martin Rhuland. A l'intérieur du château de Prague, tout le personnel était spagyrique. Les valets de chambre du prince étaient eux-mêmes attachés à ses travaux de laboratoire ; on a conservé parmi ces derniers les noms de Hans Marquard, surnommé Dürbach, de Jean Frank et de Martin Rutzke. Un emploi plus noble encore était réservé à l'un des valets de chambre du prince, l'Italien Mardochée De Delle. Poète de la Cour, il était chargé de célébrer en rimes allemandes les exploits de ses confrères et de traduire en vers beaucoup d'écrits alchimiques ; les artistes de la Cour enluminaient ses manuscrits. »

Dans le palais impérial de Rodolphe II, les faiseurs d'or, alchimistes, mais aussi, « souffleurs » et autres simulateurs se succédaient sans interruption. L'empereur, infatigable, voulait parler à chacun d'entre eux et, surtout, essayer de leur arracher leurs secrets. Certains payèrent fort cher leur audace et finirent dans un cul-de-basse-fosse, au plus profond du château. L'orfèvre Gustenhover apprit à ses dépens qu'on ne plaisantait pas avec l'*Ars hermetica*.

La nouvelle des transmutations qu'il avait opérées à Strasbourg parvint aux oreilles de l'empereur-alchimiste. Celui-ci ordonna aussitôt qu'on lui amenât l'adepte. Admis en présence du souverain, Gustenhover reconnut qu'il avait en sa possession de la « poudre de projection ». Elle lui avait été offerte par le célèbre alchimiste Alexandre Sethon. Il fut cependant incapable d'opérer une transmutation.

Le malheureux artiste fut rattrapé alors qu'il prenait la fuite et enfermé dans la tour Blanche, où l'empereur Rodolphe le retint prisonnier toute sa vie.

Généralement, cependant, l'empereur faisait le meilleur accueil aux disciples de « l'art royal », qu'il hébergeait fastueusement. Ce prince couronné se vit décerner par les alchimistes le titre d'« Hermès de l'Allemagne », et sa réputation dépassa largement les frontières du Saint Empire.

« Rodolphe, ajoute Louis Figuier, fut rangé par les écrivains au nombre des heureux adeptes possesseurs de la pierre philosophale. Ce fait parut d'ailleurs hors de doute lorsque, après la mort de l'empereur, en 1612, on trouva dans son laboratoire 80 quintaux d'or et 60 quintaux d'argent, coulés par petites masses en forme de briques. A côté de ce trésor se trouvait déposée une certaine quantité d'une poudre de couleur grise. Personne ne douta que ce produit secret ne constituât les restes de la pierre philosophale de l'empereur. Mais l'événement prouva que cette croyance était mal fondée. Le valet de chambre Rutzke s'étant empressé de voler ce trésor, il le transmit par héritage à sa famille. Or, quand on voulut la soumettre à l'expérience, la pierre philosophale de l'empereur se trouva sans vertu. »

Afin d'avoir ses « faiseurs d'or » sous la main, Rodolphe II en installa un certain nombre dans une allée étroite du Hradschin (longeant le mur du château), à laquelle on donna le nom de

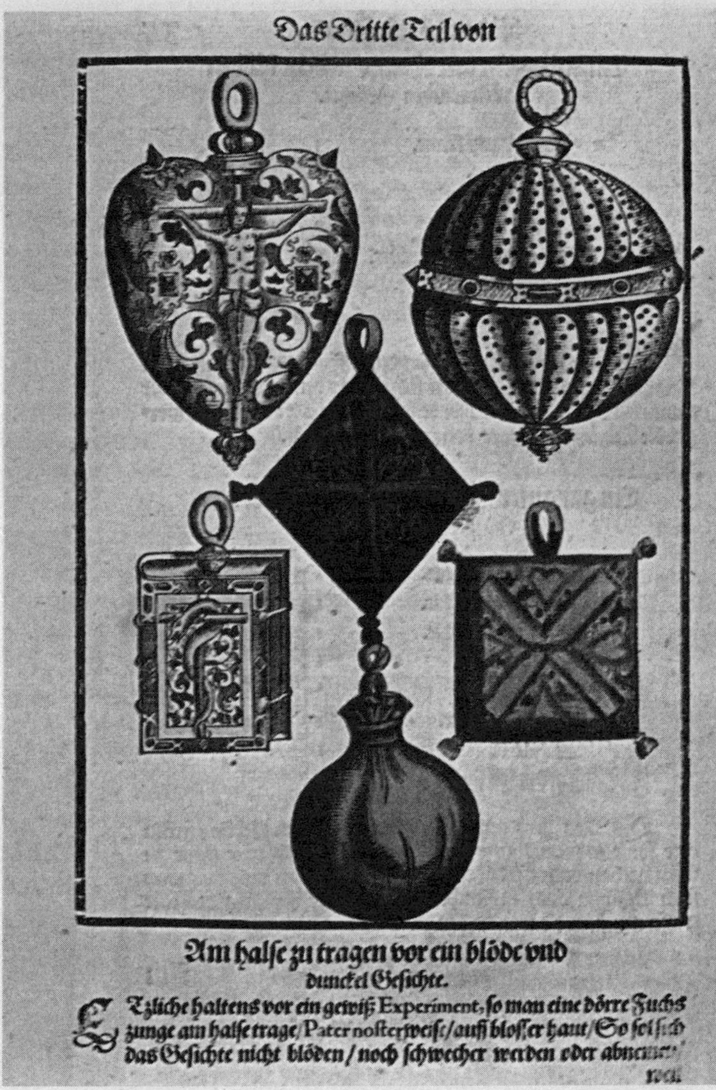

Dessins de divers talismans du XVIIe siècle, supposés apporter la bonne fortune.

L'empereur Rodolphe II en visite chez un magicien-alchimiste.

Un des monstres évoqués dans la magie noire des Alpes blanches.

Dessin provenant de l'ouvrage d'alchimie préféré de Rodolphe II.

Le Laboratoire d'alchimie, *tableau peint par Giovanni Stradano.*

« ruelle Dorée » ou « rue des Alchimistes ». On peut encore contempler aujourd'hui cette venelle, bordée d'échoppes d'orfèvres et de « spagyristes » travaillant jadis pour le compte de leur hôte royal.

Le fameux Sendivogius, qui passe pour avoir réalisé de nombreuses « projections », honora de sa visite Rodolphe II et lui remit « une petite quantité de sa poudre avec laquelle l'empereur exécuta lui-même une transmutation en or ».

Pour commémorer cet événement, Rodolphe fit sceller, dans le mur de la pièce où avait été effectuée l'opération, une table de marbre portant cette inscription latine composée de sa main :

Faciat hoc quisquam alius
Quod fecit Sendivogius Polonus!

Le poète attitré des « faiseurs d'or » à la Cour, Mardochée De Delle, célébra ce souvenir dans un poème composé à la demande de son impérial maître. Et, pour honorer l'alchimiste, le prince donna à Sendivogius le titre de conseiller, lui remettant sa médaille, présent que le philosophe hermétiste exhiba dès lors avec ostentation en toutes circonstances.

L'aventure la plus extraordinaire concerne deux Anglais, John Dee et Edward Kelley. Le premier fut un véritable hermétiste, le second « sentait » un peu le charlatan. C'est pourtant Kelley qui eut tous les honneurs.

John Dee, célèbre en Angleterre pour ses travaux philosophiques, avait reçu un don merveilleux sous la forme du cristal noir taillé en facettes et monté sur or. Grâce à cette pierre, l'hermétiste anglais évoquait une entité astrale qu'il nommait « l'ange vert » et qui lui remettait, lors de ses apparitions, une sphère d'or contenant de la poudre de projection.

Gustav Meyrink évoque ainsi cette opération de magie cérémonielle : « La table à cinq pointes, dont la surface du miroir remplissait presque toute la pièce, étincela lorsque Kelley, titubant comme un homme ivre, alluma les cires, l'une après l'autre, avec un tison. Nous nous assîmes, selon l'ordre prescrit, dans les cathèdres à haut dossier. Les deux pointes inférieures du pentagramme étaient orientées vers l'Occident, c'est-à-dire vers la fenêtre ouverte par où pénétrait l'air froid d'une claire nuit de lune... Alors, soudain, ma bouche se mit à parler toute seule, et je prononçai d'une voix tonnante et caverneuse qui me parut appartenir à un être absolument étranger la formule rituelle.

Un froid de mort s'appesantit soudain sur la pièce, les flammes de cire s'immobilisèrent, comme frappées d'un souffle funèbre... En un clin d'œil, comme un geyser jaillissant du sol à une hauteur impressionnante, ruissela une forme qui avait aspect d'homme sans rien garder d'humain. Elle se solidifia en une masse d'émeraude, transparente comme le béryl ; on y sentait l'implacable dureté du minéral, une dureté plus évidente, plus perceptible pour le sens intérieur que la dureté d'un quelconque matériau terrestre. Les bras se détachèrent du bloc, puis la tête et le cou... L'apparition, aux yeux fixés sur le large, sans un battement de cils, était immobile au-delà de toute expression. Quelque chose de terrible, de paralysant, de meurtrier, et pourtant d'indiciblement bouleversant et sublime émanait de ce regard, j'en avais froid jusque dans les os...

Les lèvres de l'ange, d'un rouge de rubis, se relevaient légèrement aux commissures, dans un sourire qui n'était pas de ce monde. A la question *Qui es-tu ?* l'apparition répondit : *Je suis le messager de la porte d'Occident.* John Dee demanda à l'ange de lui donner la pierre philosophale, et ce dernier déclara seulement : *Tu as bien fait de chercher à l'ouest, dans le royaume vert. Ceci me plaît. Je pense te donner la Pierre !*

Par la suite, l'ange réapparut et donna à l'alchimiste cette poudre rouge qu'il désirait tant. La renommée de John Dee et d'Edward Kelley (qui se nommait en réalité Talbot) arriva jusqu'au palais de Rodolphe II. Ce dernier manda auprès de lui les deux hermétistes. Dee et son compagnon rencontrèrent l'empereur à plusieurs reprises.

Rodolphe tomba sous le charme de Kelley, qui exerçait sur lui une véritable fascination. John Dee, écœuré par la vie fastueuse et les ruses indignes que déployait son acolyte, s'enfuit de Prague et regagna l'Angleterre.

Quant à Kelley, il réussit à faire partager à Rodolphe sa foi dans « l'ange vert » et opéra plusieurs transmutations en or grâce à la poudre rouge qui lui avait été remise. En outre, Rodolphe eut en sa présence d'étranges visions.

Le spagyriste fut élu, par ordre de l'empereur, baron de Bohême et du Saint Empire romain, recevant devant l'autel de l'église des chevaliers de Malte les insignes chevaleresques.

Kelley, devenu magicien en titre, composa un *elixir vitae* dont Rodolphe se montra – paraît-il – fort satisfait. Par la suite, ce spagyriste tomba en disgrâce et finit ses jours dans un cachot du Hradschin, en 1597.

Dans le même esprit, l'alchimiste Sebaldschenser, qui avait travaillé pour le compte de l'électeur de Saxe, fut attiré à la cour de Prague, en 1591, où l'empereur le nomma directeur des mines de Bohême.

Tous ceux qui franchissaient le pont de la Fosse-aux-Cerfs n'étaient pas sûrs de le traverser à nouveau dans l'autre sens. Entre les geôles de la tour Blanche et la retraite forcée dans le sinistre monastère de Strahov, accroché au flanc du palais, le visiteur pouvait se demander quel sort l'attendait s'il provoquait le courroux de l'irritable souverain. Aujourd'hui même, en montant le long de la majestueuse rampe d'accès taillée à coups de mines à même la montagne par les audacieux architectes de la Renaissance, on éprouve une vague appréhension.

L'ombre de Rodolphe II flotte encore au milieu du brouillard, dans ce parc où il aimait à se promener. Des groupes mythologiques sculptés dans la pierre ornaient le fantastique jardin. Ici est représenté le combat de Samson contre le lion, là Hercule terrasse le lion de Némée, au pied du Belvédère. Le lion était l'animal préféré de l'empereur, à tel point qu'en guise de chien apprivoisé, il avait un lion berbère… Une autre obsession de Rodolphe était la collection de pendules, dont la mécanique le fascinait au point qu'il en avait rempli tout le palais.

Cette passion pour l'alchimie et les sciences occultes mettait l'Église catholique dans une position inconfortable, puisque l'empereur était officiellement de religion romaine. Aussi le pape fit-il de grands efforts pour « convertir » Rodolphe, alors que l'hérésie protestante se répandait dans toute l'Europe.

Or, en l'occurrence, l'empereur n'admit point qu'on exerçât de pression sur lui et, pour bien marquer son indépendance, il nomma vice-chancelier des Affaires ecclésiastiques un « calviniste manqué », selon l'expression du nonce apostolique Caetani, en la personne de Christophe Zelinsky. C'était en fait un « frère morave », donc un hérétique : l'Hermès Trismégiste de l'Autriche et de l'Allemagne ne craignait pas le diable.

Au mois de janvier 1612, l'empereur tomba gravement malade. Malgré l'élixir donné par l'alchimiste Sethon, composé d'ambre et de bézoard (concrétions pierreuses produites par les sucs gastriques des oiseaux), la mort vint bientôt saisir Rodolphe qui s'éteignit le 20 janvier 1612. Sa Majesté Impériale eut un enterrement fastueux. Le cercueil de plomb (métal de Saturne) qui contenait la dépouille mortelle fut enseveli dans la crypte de la cathédrale Saint-Guy (Saint-Vit).

L'oraison funèbre de l'empereur fut prononcée par un savant, qui écrivit dans son journal :

« Rodolphe II, par la sagesse duquel la paix fut maintenue dans l'Empire, qui n'avait point de pensées basses, qui méprisa l'ordinaire de la vie, n'aima que l'extraordinaire et le miraculeux… »

LA MAGIE NOIRE DES ALPES BLANCHES

Traditionnellement, et avant même d'être devenu le calice symbolisant le Sacré Cœur, le Graal revêtait plusieurs formes, qu'a résumées fort bien Julius Évola dans son ouvrage *Le Mystère du Graal*. Il est essentiellement présenté de trois manières :

– comme un objet immatériel, doté d'un mouvement propre, de nature indéfinie et énigmatique (« il n'était pas de bois, ni d'un métal quelconque, ni de pierre, ni de corne, ni d'os ») ;

– comme une pierre – « pierre céleste » et « pierre de lumière » ;

– comme une coupe, un bassin ou un plateau, souvent en or et parfois « orné de pierres précieuses ». Une forme mixte est celle d'une « coupe taillée dans une pierre » (quelquefois une émeraude). Le Graal est qualifié, tantôt de « saint », tantôt de « roche ».

C'est en quelque sorte le dogme de la transsubstantiation, qui n'était pas officiellement promulgué en son temps. La *Queste du Graal* devient un résumé de l'histoire de l'Église que le poète retraça grâce aux événements de son temps, alors que la vie de Hugues de Lincoln, né en Avallon, lui servit de trame.

On pourra toujours gloser à l'infini au sujet du Graal, et en attribuer la paternité spirituelle aux ethnies les plus diverses, comme on pourra également le replacer dans les pages les plus obscures de notre histoire. Notons au passage qu'il est paradoxal de vouloir expliquer un symbole en l'associant à des événements historiques dont la confusion est la principale caractéristique.

Ce qui est évident, en revanche, c'est que le Graal, devenu la *Grolle*, a élu domicile dans les Alpes. Là mieux qu'ailleurs la noblesse discrète sut sauvegarder le souvenir du « Saint Veissel » et des repas arthuriens, sorte de liturgie chevaleresque où la coupe tenait lieu de calice, que l'on se passait de main en main, pour participer au mystère du « vin mystique ».

A l'abri du tumulte extérieur, protégés par les doubles remparts des Alpes et de leurs châteaux, les seigneurs valdotains léguèrent à leurs descendants une tradition qui ne manquera pas de laisser perplexes ceux-là qui veulent que les plus belles pages de l'histoire de France aient été tracées dans le Nord du pays. Mais les traditions alpines opposent aux mots et aux concepts abstraits des éléments concrets : des lieux, des hommes, des objets dont les caractéristiques mettent en lumière le rôle de « creuset historique » joué par les vallées et les enclaves montagneuses.

Certes, une trop grande discrétion ne sert pas la publicité d'une région, mais elle est un gage de pérennité pour les traditions locales, qui ne se diluent pas, dès lors, dans la masse confuse de l'agitation sociale.

Né le 17 janvier 1723, Antoine Desprès, plus connu sous le nom de Dupré, est l'une des figures grenobloises dont la vie et l'œuvre demeurent peu connues. Ce n'est certes pas la courte *Notice sur le chimiste Dupré*, conservée à la bibliothèque de la ville, qui satisfait la curiosité du chercheur. La reliure cartonnée ne recèle, au vrai, qu'une feuille imprimée, dont les deux pages ne livrent pas le secret de celui qui fut surnommé ainsi.

Apprenti bijoutier en la ville de Gap, il vint s'installer à Grenoble, demeurant Grande-Rue, puis rue Marchande, où il fit, croit-on, la découverte qui lui valut à la fois une éphémère notoriété et une mise au secret rigoureuse. On rapporte que c'est en fondant des cristaux de roche que jaillit un « feu inextinguible » en apparence, qui semblait même s'aviver au contact de l'eau. Rien de précis, quant à la teneur de cette invention, n'est parvenu jusqu'à nous.

Immédiatement, le sieur Dupré vit le profit qu'il pourrait tirer de ce « feu » et proposa ses services au roi de France, dont les démêlés avec l'Angleterre, à cette époque, sont bien connus.

Accompagné de quelques officiers, le chimiste Dupré se rendit au Havre avec l'intention de mettre en pratique son invention au détriment de la flotte anglaise. Un fait imprévu survint, qui l'empêcha de mettre ses plans à exécution et dont nous n'avons pas l'exacte connaissance. L'on présume seulement que, par suite d'un fort vent contraire qui risquait de pousser les matériaux en ignition dans la direction de son embarcation et peut-être du quai, il n'osa rien entreprendre.

Un autre essai fut cependant effectué sur le grand canal de Versailles en présence de Louis XV qui, devant les résultats terrifiants, acheta le terrible secret. Décoré du grand cordon de Saint-Michel, Dupré dut jurer de garder le silence. Nanti d'une pension de 2 000 livres, il regagna Grenoble où il vécut jusqu'en 1772.

Dans son ouvrage sur le Dauphiné, Rochas nous donne une description sommaire des « grenades » de Dupré, qui sont, dit-il, « des bouteilles de grès pleines de liqueur et enveloppées de morceaux de linge ou de papier imbibé, auxquels on met le feu, et qu'il jette ensuite de façon qu'elles se cassent et produisent un feu terrible avec une fumée extrêmement épaisse ».

La thèse de son assassinat semblerait être confirmée par la disparition, à sa mort, de tous ses papiers. On ne saura donc jamais quelle était la composition de cette liqueur qui brûlait sur l'eau « comme si elle avait été sur terre », de ce « feu si rapide et si dévorant qu'on ne pouvait ni l'éviter, ni l'éteindre : l'eau lui donnait une nouvelle activité » (J.C. Martin).

Derrière Henri-Corneille Agrippa, qui mourut à Grenoble en 1535, se profile l'ombre de François Rabelais, et l'on sait que le personnage d'Her Trippa, qui apparaît au *Tiers Livre*, dissimulerait, caricaturé par le sage de Chinon, Agrippa de Nettasheim.

En effet, un problème d'histoire littéraire se pose ici qui n'a pas fini de faire, semble-t-il, couler beaucoup d'encre. Les deux célèbres personnages se seraient-ils rencontrés à Grenoble ?

Il existe pour cela une solide tradition qui voudrait que Rabelais y eût terminé son *Pantagruel*. On peut en effet lire dans la *Bibliothèque du Dauphiné (contenant le nom de ceux qui se* *sont distinguez par leur sçavoir dans la province, et le dénombrement de leurs ouvrages, depuis le XII*e* siècle),* dressée par Guy Allard, à Grenoble, en 1680 :

« François Rabelais estoit de Touraine comme chacun sçait mais tout le monde n'a pas appris qu'il a achevé dans Grenoble son *Pantagruel* : s'étant réfugié dans cette ville pour éviter quelque persécution que son libertinage luy avoit attiré. Le Président Vachon fut son patron et sa maison son azile. François de Vachon, président à mortier en ce Parlement sous Henry III, ne passoit point également les heures de son loisir, qu'il n'estudioit pas, et ses plus charmantes conversations estoient avec les gens "de lettres" ; aussi recueillit-il Rabelais et Agrippa dans sa maison. »

Car Guy Allard, né en 1635, tenait ses renseignements de la bouche même des contemporains de Rabelais. Ce dernier fut, on le sait, attaché comme médecin du Grand Hôpital du Pont-du-Rhône, à Lyon, de novembre 1532 à la fin de février 1535, « au salaire de 40 livres l'an » (Registre des comptes de l'Hôtel-Dieu). Il y fit de nombreuses fugues dont la dernière eut lieu le 13 février 1535, date à laquelle il quitta brusquement Lyon.

Les séances des 15 et 23 février constatèrent son absence et l'on proposa de le remplacer par Pierre du Castel. Cependant Pierre Burand déclare : « L'on doit suspendre jusques après Pâques car il a entendu que le dit Rabellayse est à Grenoble et pourra revenir. »

Mais ses absences ayant eu lieu sans qu'il prît congé, il fut remplacé définitivement le 5 mars 1535. On pense qu'il publia, selon Abel Lefranc, son *Pantagruel* le 3 novembre 1532 aux Foires de Lyon, et en mai 1534 son *Gargantua*, au retour d'un voyage à Rome (février-avril 1534).

En quittant la station thermale d'Uriage, le touriste qui désire se rendre à Chamrousse doit choisir entre deux voies. La première passe par Saint-Martin-d'Uriage et les Seiglières, alors que la seconde permet de franchir le col de Luitel. D'un côté comme de l'autre, on parcourt les magnifiques forêts de conifères qui caractérisent le massif de Belledonne, mais c'est en empruntant le second parcours que l'on passe par Prémol.

Les nombreux lacets, qui permettent à la chaussée de s'élever rapidement, s'étirent en une courte ligne droite, et en même temps la montée cesse pour faire place à un plateau étroit. Là se trouvent les ruines du modeste monastère de Prémol, qui fut rapidement désaffecté et abandonné. Combien parmi les nombreux promeneurs qui s'ébattent en ces lieux chaque dimanche savent que, un jour lointain de la seconde moitié du XVIIIe siècle, un être inspiré consigna anonymement pour la postérité cent treize paragraphes prophétiques qui, déjà, annonçaient les bouleversements sociaux de la Révolution ?

Ces prophéties furent découvertes par hasard, en 1783, dans les papiers d'un notaire grenoblois, qui était aussi l'homme d'affaires du couvent. Nulle mention ne permet de les attribuer à qui que ce soit, et leur terminologie est beaucoup moins hermétique que celle de nombreux textes analogues. Cet écrit relate, dans l'ensemble, le combat eschatologique entre saint Michel et le dragon, ce dernier étant, bien entendu, Satan. Les aspects visibles de cette « lutte céleste » étant les troubles sociaux, le prophète de Prémol décrit les bouleversements qui frapperont l'humanité. Mais ce qui s'avère très singulier, c'est que les événements sont datés avec précision. Point n'est besoin ici de se livrer à des exercices compliqués pour faire parler les nombres : il suffit de transformer les « années » du prophète en siècles et les « heures » en années, puis d'appliquer les chiffres obtenus à l'histoire.

« L'Esprit me conduisit dans les régions célestes et il me dit : *Il est écrit que l'Archange Michel combattra le Dragon, et il le combattra devant le Triangle de Dieu.* Puis il ajouta : *Ouvre les portes de l'entendement. L'Archange et le Dragon sont les deux esprits qui se disputent l'empire de Jérusalem ; et le Triangle, c'est la gloire de Dieu.* »

Ce n'est que la phase préparatoire qui s'ouvre et qui est prolongée par le destin de la monarchie française représentée par le « Lys ».

« Mais le dragon ne fait que passer, répandant le trouble, la terreur et le sang, et *fauchant de sa queue le Lys sur sa route.* »

Et c'est ici que l'on peut commencer à appliquer les nombres. Donc, le Dragon fauchant le Lys, ce n'est autre chose que la Révolution française.

« Le torrent impétueux laisse souvent un limon bienfaisant sur les champs qu'il ravage, et le fils du laboureur profite alors des larmes de son père. Ainsi passera le Dragon.

Onze heures lui seront comptées, et voici de nouveau l'Archange sur la nue qui envoie l'Aigle pour dévorer le serpent. »

L'Aigle, c'est évidemment l'Empire, et plus précisément Napoléon Bonaparte. Or, si l'on ajoute onze années à 1789, on aboutit à 1800, date du plébiscite sur la Constitution de l'an VIII (28 février) et de la victoire de Marengo (14 juin). Autant d'événements qui contribuent à asseoir le pouvoir de l'Aigle.

Mais ce triomphe sera de courte durée, et les prophéties de Prémol signalent ce fait avec le même souci de précision.

« Et le deuxième temps commence, me dit l'Esprit, et onze heures sont données au vol de l'Aigle. »

En effet, la gloire napoléonienne fut bâtie en deux temps, et l'on peut dire que le second commence avec le Concordat. Donc, « onze heures sont données au vol de l'Aigle », c'est-à-dire du 18 mai 1804, jour de l'établissement de l'Empire, au 18 juin 1815 qui marque la défaite de Waterloo ! Saurait-on être plus précis ? Mais ce n'est pas tout.

« Et voici le Lys qui renaît aux champs, mais l'heure sonne et la serre de l'Aigle vient l'arracher. Et pas encore une heure et la tempête précipite l'Aigle sur le rocher. »

Oui, entre-temps les Bourbons revenaient en France, mais Napoléon, quittant l'île d'Elbe, entame les fameux Cent-Jours – pas encore une heure, précise le prophète – avant que d'être précipité sur le rocher de Sainte-Hélène. On connaît, historiquement, la suite, et il semble bien que dans la forêt de Prémol on la connût avant qu'elle ne se déroulât, tout comme, du reste, ce qui va suivre.

« Et le Lys refleurit de nouveau pendant trois fois cinq heures, jusqu'à ce que le Coq le coupe de son bec et le jette au fumier. »

Le 8 juillet 1815, Louis XVIII entre à Paris, et quinze années plus tard, Louis-Philippe devait être le dernier roi, mais ce fut un bien piètre monarque qui prêta serment de fidélité à la Charte le 9 août 1830. Auparavant, les Trois Glorieuses s'étaient déroulées les 27, 28 et 29 juillet. Déjà le Coq, qui est un emblème de la République, coupait de son bec le Lys. Mais, ici, le Coq semble avoir une valeur plus précise et se rapporte en particulier à Louis-Philippe.

« Or, le Dragon dévorera le Coq lorsqu'il aura chanté deux fois, trois fois trois heures sur son fumier. »

Deux fois, trois fois trois heures, soit dix-huit années, ce qui nous conduit logiquement à 1848, chute de Louis-Philippe (24 février) et proclamation de la République le 25 février. On demeure confondu devant autant d'exactitude.

Et l'on pourrait continuer ainsi à interpréter les autres paragraphes de ce texte singulier avec un égal succès. Car ce qui surprend dans les prophéties de Prémol, c'est l'extrême précision traduite de manière concise. Il suffit à tout un chacun d'appliquer les nombres pour découvrir les événements, et l'on ne peut point évoquer la supercherie, car ce texte est antérieur à 1783. Au demeurant, le cinquième paragraphe précise que les « temps historiques », qui sont caractérisés par des bouleversements, « seront inégaux » ; mais ils « seront marqués du nombre de Dieu, et ces nombres sont simples et caractéristiques, et parmi les simples, il en choisit (l'Esprit qui dicte au prophète) quelques-uns ».

L'être humain est curieusement enclin à considérer uniquement les événements historiques qui se déroulèrent dans un passé plutôt lointain. Il ne voit point que l'histoire continue de tisser sa trame quotidiennement et que les faits qui lui paraissent anodins, aujourd'hui, sont d'une égale valeur à ceux qui se déroulèrent jadis, et dont il a reconnu l'importance. Ce n'est, au demeurant, qu'une question de perspective temporelle.

Oui, les Alpes demeurent, pour une part, éternellement secrètes ; on pourrait même dire que leur fonction première est d'abriter le secret dans les replis de leurs vallées.

RASPOUTINE, LE SORCIER DU TSAR

Vrai guérisseur, faux prophète, grand débauché et véritable force de la nature, Raspoutine est un de ces héros qui s'imposent à l'histoire de leur temps. Pour de nombreux Russes, ce moine terrible reviendra un jour pour conduire la « Sainte Russie » vers son apocalypse. L'histoire d'une vie aussi folle qu'intense.

Le mystère n'a jamais cessé d'entourer la vie de Grigori Raspoutine. Quant à sa mort, elle n'est qu'un point d'interrogation noyé dans les eaux glacées de la Néva. Pour beaucoup, il n'était qu'un vulgaire escroc, un moujik vicieux et débauché qui se servit de la haute société russe pour assouvir ses instincts les plus bas et ses ambitions les plus folles.

Cet homme avait littéralement envoûté le tsar et la tsarine – surtout cette dernière – au point de se faire obéir aveuglément et de gouverner l'Empire russe selon ses caprices. Son influence a été une des causes de la chute de Nicolas II.

Et puis, que penser de son pouvoir d'arrêter et de guérir les hémorragies contre lesquelles la médecine s'avouait impuissante ? Comment peut-on aussi expliquer sa résistance à l'un des plus terribles poisons ?

La Russie a haï Raspoutine plus qu'aucun homme au monde, et pourtant, quelque part, il fait partie de l'âme russe, au point que l'on imagine mal un tel personnage en France ou en Angleterre. Pour certains, Raspoutine a survécu au cyanure de potassium et aux balles du prince Ioussoupov ; un jour, il reviendra conduire la Russie vers l'apocalypse rouge et blanche, « sang et neige », qui est, depuis toujours, son ultime destin.

Grigori Iefimovitch Raspoutine est né aux environs de 1870 (à sa mort, en 1916, il était âgé de quarante-cinq ou quarante-six ans) dans une très humble famille du village de Pokrovskoïe, près de Tobolsk. Son père, Iefim Novy, maquignon, avait amassé quelques économies dans le commerce des chevaux volés. Une hérédité qui ne causa jamais aucune dépression nerveuse à son fils…

Le jeune Grigori reçut rapidement de ses camarades le surnom de « Raspoutine », particulièrement significatif de cette époque de son existence et étrangement prophétique pour la suite : en argot rural, « Raspoutine » veut dire « fornicateur », « paillard », « crapuleux ». Régulièrement rossé par les pères de famille dont il troussait les filles avec une belle santé, fouetté publiquement plusieurs fois par mesure de police, Raspoutine ne s'ennuyait pas à Pokrovskoïe.

Qui eut décelé dans ce tempérament de feu un penchant affirmé pour les choses de la religion ? Pourtant, l'exhortation d'un prêtre qu'il menait en charrette au fameux sanctuaire d'Abalaksk, non loin de sa ville natale, lui révéla la force jusqu'à ce jour méconnue de ses instincts mystiques. Une apparition de la Vierge acheva de le convaincre qu'il avait trouvé son chemin de Damas : désormais, il s'engagerait sur les voies du salut.

Quand, enfin, une voix intérieure impérieuse lui certifia que, malgré ses abominables péchés, la Providence lui réservait une grande tâche, il n'eut plus aucune hésitation !

Prenant aussitôt le bâton de pèlerin, il se rendit sans plus attendre là où l'appelait son destin. Sa première étape fut la magnifique *lavra* de Kiev, puis celle de Troïtza, près de Moscou, et enfin celle de Potchaïevsky, près de Rovno. Durant trois années, il vagabonda ainsi de monastère en monastère sans jamais se reposer, allant jusqu'à effectuer le long et périlleux voyage qui mène aux couvents sacrés du mont Athos.

On comprendra aisément qu'après ces trois années de flânerie mystique et pédestre, Raspoutine avait totalement perdu le goût de la vie sédentaire et que certaines obligations quotidiennes, comme celle de travailler, lui faisaient très peur. Il commença alors à errer de ville en ville, acceptant quelque besogne pourvu qu'elle fût facile et passagère, implorant l'aumône et le gîte à la porte de tous les couvents, assuré de toujours obtenir le morceau de pain qu'il mendiait « au nom du Christ », combinant la débauche et la religion aux dépens des bonnes âmes qui avaient bien voulu l'écouter.

Ses instincts mystiques s'affirmaient de jour en jour plus impérieux. Ainsi que les exigences déjà décuplées d'un tempérament pour lequel l'adjectif robuste n'est qu'un délicat euphémisme. L'audace effrénée de son imagination le harcelait sans répit, et c'est pour tenter de canaliser ce flot impétueux qu'il décida d'entrer dans la secte des *khlisty* ou flagellants.

Cette secte, forte d'environ 120 000 membres, se distinguait de ses consœurs par l'extravagance de ses pratiques. Sa doctrine était inspirée par une sorte de spiritisme : ses adeptes proposaient tout simplement de correspondre directement avec Dieu, de s'infuser le Verbe et d'incarner le Christ ! Mais, pour atteindre cette communion céleste, ils se livraient à mille folies.

Les fidèles, hommes et femmes, se réunissaient la nuit, tantôt dans une isba, tantôt dans la clairière d'une forêt. Là, invoquant Dieu, clamant des hymnes, vociférant des cantiques, ils dansaient des rondes à une vitesse qui devenait vite effrayante. Puis le chef de la ronde flagellait avec la dernière violence tous ceux dont la vigueur faiblissait. On devine que, dans cette frénétique danse du fouet, Raspoutine était plus volontiers du côté du manche. Par ailleurs, il était un danseur infatigable, tournoyant comme un dément jusqu'aux limites de la syncope.

Sa riche nature le prédisposait à recevoir l'influx « divin ». Ses exploits au cours des *radiénés* nocturnes lui acquirent rapidement une grande popularité. Errant à travers les villages, il tenait des discours évangéliques et récitait des paraboles ; puis, peu à peu, il se risqua dans les prophéties, les exorcismes, les incantations et les miracles, bref, dans tout le bric-à-brac du christianisme le plus illuminé.

En 1904, sa pieuse renommée et l'odeur de ses vertus arrivèrent à Saint-Pétersbourg, où elles provoquèrent la curiosité du père Jean de Cronstadt, le fameux visionnaire qui avait consolé et sanctifié l'agonie d'Alexandre III. Il désirait faire la connaissance du jeune prophète sibérien et le reçut au monastère de Saint-Alexandre-Nevski. Il se félicita de constater, à certains signes connus de lui seul, qu'il était « marqué de Dieu ».

A partir de ce moment, l'horizon de Raspoutine commença à s'élargir : il entra en relation avec toute une série de prêtres plus ou moins illuminés, plus ou moins charlatans et probablement crapuleux, comme il y en avait des centaines dans les bas-fonds du clergé russe. Il fit la connaissance du père Héliodore, un moine tapageur et scandaleux, grand érotomane, organisateur des orgies les plus débridées, adoré par la populace, ennemi juré des juifs et des libéraux.

La personnalité de Grigori était telle qu'il ne pouvait plus se contenter de fréquenter le menu fretin du clergé. On le vit bientôt se promener et converser gravement avec des archiprêtres et des higoumènes, des évêques et des archimandrites, qui s'accordaient tous pour reconnaître en lui « une étincelle de Dieu ». En 1905, l'évêque Théophane, inspecteur de l'Académie théologique de Pétersbourg, confesseur de l'impératrice, eut l'idée d'appeler Raspoutine pour observer cet exemple vivant de résistance aux puissances du dehors.

Ayant fait la conquête de Théophane ainsi que de Mgr Hermogène, connu dans tout le clergé pour sa rigoureuse orthodoxie, Raspoutine put entrer dans les cercles plus fermés de leur clientèle dévote, qui comptait beaucoup de spirites. Parmi ceux-ci, un groupe très influent et très proche du pouvoir suprême : le grand-duc Nicolas Nicolaïevitch, commandant en chef de la garde impériale, son frère le grand-duc Pierre, et leurs femmes, les grandes-duchesses Anastasie et Militza, filles du roi de Monténégro.

Grigori n'avait qu'à paraître et ouvrir la bouche pour fasciner cette société oisive et crédule, adonnée aux pires pratiques de la théurgie, de l'occultisme et de la nécromancie. Il n'y eut plus un seul cénacle mystique qui ne réclamât la présence du prophète sibérien, le *Bojy Tchelloviek* (l'homme de Dieu). Les grandes-duchesses monténégrines le recommandèrent même à l'empereur et à l'impératrice au cours de l'été 1906.

La veille de lui accorder une audience, les souverains eurent tout de même un scrupule : ils prirent conseil de l'évêque Théophane, qui les rassura totalement. Ainsi le sort en avait décidé, et la seconde partie de la tragédie allait pouvoir commencer.

Dès son arrivée au palais, Raspoutine exerce sur les souverains un ascendant extraordinaire. Et, pourtant, il ne les flatte pas, ne se courbe pas devant eux face contre terre ! Au contraire, il les traite durement, avec une audacieuse familiarité. Les deux monarques, rassasiés d'adulations et de flagorneries, croient découvrir en cet homme fruste et apparemment désintéressé la voix du peuple russe…

Tous les intrigants de la Cour, tous les quémandeurs de places, de titres ou de prébendes cherchent à obtenir son appui. Dans son modeste logis de la Kirotchnaïa ou, plus tard, à la Anglisky Prospekt, il recevait jour et nuit des centaines de solliciteurs, des généraux et des fonctionnaires, des évêques et des archimandrites, des conseillers de l'Empire et des sénateurs, des aides de camp et des chambellans, des dames d'honneur et des femmes du meilleur monde. C'était un défilé sans fin, et Raspoutine était souvent obligé d'y mettre fin lui-même, renvoyant parfois chez eux des personnages très importants qui avaient attendu plusieurs heures pour le voir.

Évidemment, la question de savoir si le moujik sibérien était effectivement doué de pouvoirs supranormaux, surnaturels en quelque sorte, ou s'il n'était qu'un habile charlatan s'est souvent posée, mais les avis là-dessus étaient très partagés, tant il y avait d'incohérence, de bizarreries et de contrastes.

Nous croyons pouvoir affirmer la chose suivante : une étude attentive plaide en tout cas en faveur de son absolue sincérité. Il n'eut pas exercé pareille fascination s'il n'avait pas été convaincu de ses dons extraordinaires ; sa foi en son pouvoir mystique était le facteur principal de son ascendant. On peut même avancer qu'il était la première dupe de ses pratiques ; il ne fit qu'y ajouter son goût immodéré pour le pouvoir, pouvoir sur les autres, sur tous les autres.

Car, bientôt, la soif de Raspoutine ne va plus connaître de bornes. Et la mort donnera rendez-vous à « l'homme de Dieu »…

L'héritier du trône de Russie souffrait d'une maladie contre laquelle il était impossible, à l'époque, de lutter : l'hémophilie. Au moindre choc, une ecchymose articulaire se déclenchait et provoquait chez le jeune malade des douleurs lancinantes. Cette maladie provenait de l'hérédité de la dynastie princière de Hesse-Darmstadt, à laquelle appartenait la tsarine. L'hémophilie prive le sang de sa capacité de coagulation au contact de l'air extérieur : lorsque le malade est blessé, même légèrement, la croûte ne se forme pas sur la plaie et l'hémorragie continue.

Dans toute la Russie, surtout dans les villages éloignés des centres urbains, il y a toujours eu des guérisseurs auxquels on attribuait le pouvoir d'arrêter le sang par la magie de certaines formules.

Prétendre que Raspoutine pouvait guérir le jeune Alexis serait une tromperie : lorsqu'on voyait le petit prince lors des cérémonies officielles, il était toujours juché sur les épaules d'un matelot de Cronstadt, car, malgré la présence de Raspoutine, il n'arrivait pas à marcher. Cependant, ce dernier impressionna considérablement la Cour par sa thérapeutique à base de science infuse et d'incantations : devant l'enfant, il récitait d'une voix bien posée une prière bizarre qui ressemblait à une formule magique, puis il s'en allait, non sans avoir toisé son entourage d'un regard hautain. Quelquefois, par simple coïncidence, l'hémorragie s'arrêtait.

Il n'en fallait pas plus pour convaincre l'empereur et l'impératrice, persuadés de l'impuissance de « ces imbéciles de médecins » (Raspoutine *dixit*), que le moujik sibérien disposait de pouvoirs surnaturels.

Dans sa nouvelle fonction, qui n'était d'ailleurs pas vraiment officielle, Raspoutine s'acoquina avec un personnage des plus troubles, le thérapeute mongol Badmaïev. Échappé des couvents thibétains, où il s'ennuyait ferme, ce Bouriate, dépourvu du moindre diplôme universitaire, exerçait clandestinement la médecine. Il s'était constitué une pharmacopée qui, sous des noms baroques, lui permettait de faire un fructueux commerce de narcotiques, de stupéfiants et d'aphrodisiaques. Ses malades, gonflés et revigorés à fortes doses d'« élixir du Thibet », de « poudre de Nivritti » ou d'« essence de lotus noir », pouvaient ensuite promener par les rues de Saint-Pétersbourg leurs regards d'hallucinés, mêlant les plus folles visions à leurs rêves lubriques.

Dès leur première entrevue avec le tsarévitch malade, les deux hommes se concertèrent afin de rester les seuls « médecins » à avoir l'autorisation de le soigner. Par dégoût, et peut-être aussi par lâcheté, la science officielle s'inclina prudemment devant eux.

On sait quelle fascination Raspoutine exerçait sur les femmes. Et les photographies de l'époque ne manquent pas qui le représentent entouré de femmes de la haute société russe. Pourtant, c'est sur la première femme de Russie, la tsarine, que son influence se fit le plus sentir : elle était tombée en son pouvoir. Elle avait peut-être des excuses : avant de devenir impératrice de Russie, Alice de Hesse-Darmstadt s'était rendue à deux reprises dans ce pays pour être fiancée à l'héritier du trône, le futur Nicolas II. Par deux fois, le projet avait été abandonné et elle avait dû revenir en Allemagne avec une profonde blessure d'amour-propre. Ce n'est que peu avant la mort d'Alexandre III que le mariage eut lieu, et ce fut sans doute la seule erreur de son règne, mais une erreur aux conséquences incalculables.

Si la jeune impératrice n'affichait pas une aversion déclarée pour sa nouvelle patrie, on ne peut pas dire qu'elle s'y sentait à l'aise : dans les réceptions, à la Cour, elle gardait un visage fermé et un regard le plus souvent désagréable, la tête toujours baissée et les lèvres serrées. Cette attitude provoqua d'abord chez le peuple de la déception, puis une antipathie de plus en plus marquée. Un abîme se creusa lentement entre elle et la population russe, ce qui ne fut pas étranger à l'odieux massacre d'Ékaterinbourg.

Raspoutine entouré de nombreuses admiratrices issues de la haute société russe.

Fresque d'une église suisse où le Diable cherche à tenter Jésus (XIIIe siècle).

Autel à sacrifice de la cité inca de Machu Pichu.

Momie inca identique à celle de l'enfant de la montagne de Plomb.

La Mélancolie, *tableau aux nombreux symboles magiques, peint en 1514, par Dürer.*

Lorsqu'on lui présenta Raspoutine pour la première fois, ce fut pour la princesse « de l'inédit », comme l'a écrit Michel de Pourichkévitch, qui a bien connu Raspoutine. C'était la première fois qu'elle voyait un vrai représentant du peuple russe, un homme de cette Sainte Russie dont elle avait tant entendu parler, mais dont les fastes et les pompes de la Cour lui avaient toujours interdit le contact. Ses manières vulgaires, le tutoiement, qu'il employait sans faire d'exception, contrastaient tellement avec le cérémonial de la Cour que la tsarine en fut saisie.

Raspoutine lui apparut comme un être rude, mais franc, parlant sans ambages et ne se gênant pas pour dire ce qu'il pensait. Elle n'avait jamais vu ça ni en Russie ni ailleurs. Le rusé moujik, lui, comprit tout de suite la situation. Son rôle à la Cour serait celui de l'homme surnaturel, l'envoyé du ciel qui, comme tel, serait écouté et suivi.

Son influence se manifesta progressivement dans tous les domaines : en qualité de religieux, il commença par s'attaquer aux affaires de l'Église. L'évêque de Tobolsk, chef-lieu de sa province natale, ne lui étant pas sympathique, il le fit remplacer par un ami personnel, l'évêque Varnava, dont le physique et les manières faisaient plus penser au *Satiricon* qu'à la Sainte Bible. Sitôt l'évêché de Tobolsk transformé en annexe de Sodome, Raspoutine, émoustillé par ce premier succès, s'attaqua à Antonius, le métropolite de Saint-Pétersbourg. L'Église russe étant réduite, depuis le règne de Pierre le Grand, à l'état de simple ministère, la lutte ne fut pas très difficile, et le métropolite indésirable fut remplacé par un des fleurons de l'entourage de Raspoutine, le très lamentable Pitirim, pervers de la dernière eau, nécrophile à ses heures et honte de tout le clergé.

Après l'Église, ce fut au tour de l'administration de subir les caprices du *Bojy Tchelloviek* (l'homme de Dieu) : les ministres et les hauts fonctionnaires furent bombardés de billets émanant de Raspoutine, des petits bouts de papier où il avait griffonné quelques lignes horriblement orthographiées. Celui qui refusait d'appliquer les ordres transmis risquait le plus souvent sa carrière.

A la même époque, Raspoutine se mit à prêcher une doctrine qui eut beaucoup de succès auprès des femmes : pour se sauver, il faut se repentir. Mais, pour se repentir, il faut pécher ! Fort de cette conviction, il conduisait ses belles fidèles au bain, où il leur donnait l'occasion de pécher… puis de se repentir. Quand le scandale arriva aux oreilles de l'impératrice, elle ne voulut rien croire de ce qu'elle appelait des « ragots » : quand on lui montrait des photographies de Raspoutine entouré de ses « admiratrices », elle prétendait qu'elles étaient truquées.

Par la suite, beaucoup de personnes confondirent l'attitude de l'impératrice avec celle de ces femmes du monde, et le trône commença à perdre son prestige.

Au début de la Première Guerre mondiale, le jour même où la Russie déclara la guerre à l'Allemagne, le tsar vint à Saint-Pétersbourg et apparut devant le peuple sur un balcon du palais d'Hiver. Il reçut une immense ovation de la foule, qui l'accompagna ensuite jusqu'aux quais de la Néva, où il monta dans un canot qui devait le conduire à son yacht. Pendant que le canot s'éloignait lentement, Nicolas II resta debout, répondant aux acclamations de la foule par des signes de la main. Mais la tsarine tourna le dos et l'on ne revit plus son visage. « Elle n'est pas avec nous, elle est allemande, elle est pour l'Allemagne ! », entendit-on en plusieurs endroits de l'interminable marée humaine.

Raspoutine était lui aussi opposé à la guerre, mais, malgré sa forte personnalité, il n'avait pas réussi à influencer le tsar dans ce sens : Nicolas II n'était pas suffisamment préparé. La « préparation » en question consistait à le soumettre à l'influence de drogues que lui administrait son complice, le Mongol Badmaïev. Abêtir le souverain était le but de ces stupéfiants, et, vers la fin de la guerre, ce résultat était partiellement atteint, au point que Raspoutine ne se contentait plus de donner des ordres aux fonctionnaires : il destituait et nommait lui-même les ministres pendant que le tsar se trouvait au grand quartier général.

Comme par hasard, la plupart des ministres qui devaient leur situation à Raspoutine étaient tous germanophiles. Quant à

Raspoutine lui-même, le prince Ioussoupov affirma par la suite qu'il se trouvait en liaison avec des agents ennemis cachés en Suède. Comme aucune opération militaire n'était effectuée sans que l'impératrice reçoive la bénédiction de Raspoutine, on comprend mieux comment l'état-major allemand réussit à contrôler facilement les moindres mouvements de l'armée russe.

Les organisations révolutionnaires, qui comptaient de nombreux noyaux terroristes au sein de leurs cellules, ne bougeaient pas d'un pouce, et pour cause : Raspoutine faisait leur jeu en sapant les bases de la monarchie et en lui ôtant tout son crédit. Après la mort de Raspoutine, le député Maklakov, membre de la gauche modérée, ne s'est pas privé de dire : « Ne comprenez-vous pas que maintenant, sans Raspoutine, la monarchie se trouve consolidée pour longtemps ! »

L'idée de supprimer Raspoutine avait pris forme depuis longtemps dans différents corps de la société russe. En 1914, il avait déjà reçu d'une paysanne un coup de couteau qui avait mis ses jours en danger. Les généraux haïssaient le moujik, qu'ils savaient vendu à l'ennemi et assoiffé de pouvoir. Le Conseil de l'Empire, le Parlement, les administrations locales, tout le monde voulait la fin de Raspoutine. Il ne manquait plus que les actes.

Le prince Félix Ioussoupov fut l'âme de la conspiration. Ses principaux complices étaient le grand-duc Dimitri et le député Pourichkévitch. Le prince, qui avait réussi à se concilier les bonnes grâces de Raspoutine, l'attira dans son palais et lui offrit du vin et des gâteaux empoisonnés au cyanure de potassium. On avait ensuite imaginé de le ficeler et de le plonger dans la Néva, tout en prenant soin de téléphoner à la boîte de nuit qu'il fréquentait habituellement pour dire qu'il ne tarderait pas à arriver. Ainsi, on lancerait la police sur une fausse piste.

Le plan se déroula comme prévu jusqu'au moment où Raspoutine mangea les gâteaux et but le vin empoisonnés. Alors se produisit un événement auquel personne n'avait songé : le cyanure ne produisit aucun effet sur Raspoutine. Le prince Ioussoupov quitta à plusieurs reprises le salon pour aller prévenir ses complices que le poison « ne marchait pas ». L'anxiété était à son comble. L'un des conspirateurs, le docteur qui avait préparé la mixture, se sentit mal et s'évanouit.

Le grand-duc proposa finalement d'en rester là, mais Ioussoupov décida d'en finir en tirant un coup de feu à bout portant sur le moujik. Mettant aussitôt sa menace à exécution, il abattit Raspoutine. Mais, une demi-heure après le meurtre, alors que les conspirateurs se préparaient à passer à la deuxième partie de leur plan, il se passa un événement incroyable : un cri sauvage, surhumain, un cri de bête retentit dans les dédales du palais…

Ils virent alors un spectacle qui les glaça d'effroi : Raspoutine courant de toutes ses forces, en titubant, dans la neige poudreuse de la cour. Bientôt, il franchirait la porte de la grille et se trouverait dans la rue. Pourichkévitch le rattrapa et lui logea deux balles dans le corps, une dans la tête et la seconde dans le dos. Ioussoupov, en pleine crise nerveuse, saisit une matraque et se mit à frapper comme un dément la masse de chair qui remuait à peine. Ils le jetèrent ensuite dans un trou pratiqué dans la glace, à l'embouchure de la Néva.

Le corps ne fut jamais retrouvé. Et le fantôme de Raspoutine doit toujours hanter les rives de la Néva et les palais de Moscou…

L'ÉTRANGE SACRIFICE D'UN ENFANT INCA

Le 1er février 1954, deux mineurs gravissent la pente escarpée et enneigée d'une montagne aux reflets gris-bleu. Ce pic de 5 400 mètres d'altitude s'appelle El Plomo (la montagne de Plomb). Il est situé dans la province de Santiago du Chili. Les deux hommes ont presque atteint le sommet, lorsqu'ils découvrent un curieux enclos de forme elliptique, de six mètres de long sur trois mètres de large, entouré d'un mur d'à peine un mètre de haut et comblé de pierres et de terre. La bizarre construction ne retient qu'un instant leur attention, et ils reprennent leur escalade.

Deux cents mètres plus haut, ce sont trois bâtiments fort délabrés, de forme rectangulaire, qui s'offrent à leurs yeux : cette fois, piqués par la curiosité, ils décident d'examiner les lieux et, ne trouvant rien de particulier, de retourner à l'enclos elliptique en contrebas, qu'ils se mettent aussitôt à déblayer. Sous un mètre de pierrailles et de terre, ils découvrent au centre de l'enclos une grande pierre plate, qu'après bien des efforts ils font pivoter sur son axe.

Là, se révèle un bien étrange spectacle : dans une tombe de un mètre de profondeur, un jeune enfant semble dormir, les yeux clos, les jambes ramenées sous lui, les bras enserrant les genoux, la tête inclinée posée sur son bras. L'enfant de la montagne de Plomb rêve-t-il des lamas blancs des Andes, des troupeaux du dieu Soleil gardés par deux étoiles ?

Autour de lui, deux statuettes en argent et en coquillage, deux petites figurines dont la forme rappelle celle des lamas et une série de petits sacs de peau contenant des cheveux, des morceaux d'ongles et des feuilles de cola, veillent sur son dernier sommeil.

Les deux mineurs, stupéfaits par leur découverte, enveloppent avec une crainte superstitieuse l'enfant et son mobilier funéraire dans un grand sac de toile et, chargés de leur précieux fardeau, dévalent à grande vitesse la roche abrupte de la montagne El Plomo.

Le 16 février, Grete Mostny, du Musée national d'histoire naturelle de Santiago, reçoit dans son bureau les deux mineurs qui lui content leur singulière aventure. Ce qu'ils avaient pris pour la momie d'une petite fille était en fait le corps gelé d'un jeune garçon de huit ou neuf ans habillé à la mode inca : l'enfant de la montagne de Plomb n'avait pas moins de cinq siècles !

Or le corps était absolument intact. Lorsque les mineurs le découvrirent, il était tendre et flexible comme si la mort venait de le toucher ! Après cinq semaines, il avait très peu perdu de son élasticité. Bien sûr, le froid sec des hauts plateaux andins n'est pas pour rien dans cette extraordinaire conservation, mais elle n'en reste pas moins tout à fait exceptionnelle. Comme si, pendant cinq siècles, la montagne El Plomo avait protégé des stigmates de la mort le corps du petit enfant qu'elle gardait en son sein.

Première énigme, mais qui n'est pas la seule : qui était le petit Inca, et quelles furent les circonstances de sa mort ?

L'analyse du corps révéla que plusieurs phalanges de la main gauche gelèrent 24 à 48 heures avant la mort. Des bribes de vêtements sur les avant-bras et les mains témoignent aussi des efforts de l'enfant pour recouvrir ces parties du corps restées nues. Le petit garçon de la montagne de Plomb fut enterré vivant. Probablement en offrande aux dieux incas !

Ici, nous devons nous pencher sur l'histoire de ce peuple étrange que Pizarre découvrit en 1526, avec un mélange de fascination et d'effroi.

L'origine des Incas est liée à la mystérieuse civilisation perdue de Tiahuanaco, au Pérou, située près du lac Titicaca. D'après la légende, cette cité fut l'œuvre de Viracocha, le dieu créateur de toutes choses. Mais les hommes ayant violé la loi divine, Viracocha les changea en pierre et détruisit la ville par un cataclysme. Il envoya ses enfants – les fils du Soleil – pour fonder une nouvelle civilisation.

Le premier Inca, Manco Cápac, était né, et, avec lui, le culte du Soleil, *Inti*, qui se confondra progressivement avec Viracocha. L'Inca (mot qui, au départ, désignait uniquement le chef suprême, fils du Soleil) était un despote régnant par la terreur. Pachacútec Yupanqui, qui étendit, au XIVe siècle, son empire de la Colombie au Chili (4 000 kilomètres de long), utilisait à l'égard des tribus vaincues cette devise impitoyable : « Qu'ils me haïssent, pourvu qu'ils me craignent ! »

L'enfant de la montagne de Plomb faisait probablement partie d'une de ces tribus qu'asservit l'Empire inca : le peuple de l'Altiplano. En effet, sa coiffure, en multiples petites tresses tombant sur les épaules, n'appartenait pas aux castes incas dominantes. Le *Ilantu* (tunique) noir qu'il portait était un privilège accordé par les Incas aux nations conquises. Sa parure en plumes de condor, par contre, rappelle le *pacarina* (emblème) du condor du peuple de l'Altiplano, bien que cet oiseau fût, dans tout l'Empire inca, lié au culte du Soleil.

L'enfant était donc, sans doute, un membre des tribus de l'Altiplano soumises par les Incas, et, probablement, vu la richesse de ses vêtements, ses bijoux en or et en argent et la peinture rouge de son visage, le fils d'un noble provincial de haut rang.

Sachant qui était le petit garçon de la montagne de Plomb, une question essentielle subsiste : pourquoi l'a-t-on enterré vivant ? Ici aussi, il faut retourner à ce que nous savons de l'Empire inca. Une chose est sûre : le sacrifice rituel d'hommes, de femmes et d'enfants était monnaie courante sous le règne des fils du Soleil. La mort d'un chef, la victoire, le vœu de bonnes récoltes, etc., étaient autant d'occasions d'offrir des sacrifices humains aux divinités. Mais il y en avait d'autres, clairement institutionnalisées ; notamment le *Cápac-Raimi*, fête de l'Inca et de l'initiation, où l'on égorgeait de jeunes enfants.

Betanzos, chroniqueur espagnol, écrit, à propos d'un sacrifice offert par Yupanqui : « Là-dessus, l'Inca donna dix jours aux seigneurs de Cuzco pour réunir de grandes quantités de maïs et de moutons, de jeunes lamas et de fins vêtements, et un certain nombre de garçons et de petites filles pour offrir un sacrifice au Soleil. Le dixième jour, l'Inca Yupanqui fit allumer un grand feu et brûler les cadavres des bêtes égorgées, les habits et le maïs. Quant aux garçons et aux filles, qui avaient, pour la circonstance, revêtu de splendides vêtements et s'étaient ornés de bijoux, on les emmura vivants dans une maison. »

Le sacrifice d'enfants *(Capacocha)* était chose habituelle : le sacrificateur étranglait, égorgeait, emmurait ses victimes ou leur arrachait le cœur. On peut juger aberrante et désaxée une civilisation qui se complaît dans ce genre de pratiques. Cette cruauté s'explique pourtant par l'univers magique des Incas et leur rapport à la mort. Une multitude de créatures mythiques peuplaient l'univers céleste de l'Amérindien. Pour lui, même les choses étaient animées, et la mort n'était pas une fin. Les suicides collectifs, les sacrifices humains et le culte rendu aux cadavres momifiés des Incas témoignent de cet état d'esprit particulier à l'égard de la vie et de la mort.

La description que nous donne Camacho d'une *Capacocha* est, en ce sens, très significative : « Les enfants destinés à être immolés étaient amenés par leurs mères ; elles étaient fières de faire une telle offrande à la divinité. Pour que les enfants puissent se présenter devant Viracocha, on les avait préalablement habillés de vêtements magnifiques et couronnés de fleurs. Ensuite, on leur faisait boire un breuvage enivrant ou, s'il s'agissait de nourrissons, la mère leur donnait le sein avant l'immolation. Les prêtres leur faisaient faire le tour de l'autel, puis ils les couchaient sur la pierre sacrificatoire, le visage tourné vers le Soleil. L'instant d'après, ils les exécutaient, selon les prescriptions de leur rituel barbare, en les étouffant, en les égorgeant ou en leur ouvrant la poitrine avec un couteau d'obsidienne et en leur arrachant le cœur. »

« Avec le sang, ils accomplissaient alors la cérémonie de la *Vilacha*, nommée également *Pirano* : le sacrificateur dessinait avec le sang une traînée qui allait d'une oreille à l'autre sur son visage, puis sur celui des assistants qu'il voulait honorer. Il en enduisait les vases utilisés pour le sacrifice. Enfin, les cadavres des victimes et les récipients étaient enfouis dans une même fosse. A ces macabres cérémonies succédaient de grandes beuveries au cours desquelles les Indiens buvaient l'*azua*, breuvage sacré. »

C'est vraisemblablement lors d'un lugubre rituel de ce type que le petit garçon de la montagne de Plomb fut enterré vivant. Fut-il sacrifié à Viracocha, le dieu Soleil, à sa compagne, Mamaquilla, la Lune, ou à quelque autre divinité du panthéon inca ? Ou bien était-il destiné à quelque dieu local, dont le culte était resté vivace malgré l'emprise de la religion officielle du dieu Soleil ?

Et pourquoi le petit Inca trouvé par les mineurs n'aurait-il pas été une offrande à la montagne de Plomb ? Les Incas et autres peuples andins attribuaient des pouvoirs surnaturels aux montagnes, et ils avaient un respect particulier pour celles que recouvraient les neiges éternelles. El Plomo était de celles-là.

Mais un autre fait peut aussi retenir l'attention : l'enclos où reposait le petit Inca et les autres bâtiments en surplomb sont orientés de 22° vers le nord-est. Cette disposition particulière porte peut-être en elle la réponse à notre question. « De l'est, viendra celui qui vaincra la période d'obscurité » affirme la légende inca.

En 1526, Pizarre débarquait sur la côte américaine et découvrait le « pays de l'or » des Incas. Il venait du nord-est.

MAGIE ET MYSTÈRE DES NOMBRES

Les nombres peuvent-ils nous révéler l'avenir ou dévoiler les aspects cachés de notre personnalité ? Pour tous ceux qui pratiquent l'art ancien de la numérologie, la réponse est positive.

La numérologie est une méthode qui permet de faire correspondre des noms, des dates ou des événements à des nombres, généralement de 1 à 9, bien que parfois les nombres 11 et 22 entrent aussi dans le système.

Chaque nombre a une certaine signification. C'est ainsi que la personnalité de William Shakespeare correspond au chiffre 5, le nombre de la versatilité et de la richesse d'esprit. On établit cette correspondance par une très simple identification des lettres de l'alphabet aux nombres selon le « système hébreu ».

Pour trouver votre nombre, il vous suffit d'écrire le chiffre correspondant à chaque lettre de votre nom et de les ajouter. Si le total de l'addition est supérieur à 9, ajoutez-y les chiffres qui le composent et continuez jusqu'à ce que le résultat soit inférieur à 10. En ajoutant, par exemple, les nombres correspondant aux lettres de Charlotte Brontë, nous arrivons à 5. (Charlotte = 3 + 5 + 1 + 2 + 3 + 7 + 4 + 4 + 5 = 34 ; Brontë = 2 + 2 + 7 + 5 + 4 + 5 = 25 ; 34 + 25 = 59; 5 + 9 = 14; 1 + 4 = 5). Si, après avoir ajouté les chiffres correspondant à votre nom, vous arrivez à 1, vous êtes probablement une personne dominante, vous avez une âme de chef. Les « 1 » sont des pionniers, des inventeurs, des créateurs. Mais le plus souvent, lorsqu'ils ont mis leur plan en route, ils s'intéressent peu aux personnes touchées par leur action ou qui pourraient en souffrir. Ils tendent à dominer tous ceux qu'ils rencontrent ; ils ont rarement des amis intimes et sont souvent des personnes solitaires malgré leur apparence sociable.

Selon la numérologie moderne, les « 2 » sont des gens passifs et réceptifs. Ils sont tranquilles, doux, gentils, ordonnés, consciencieux et ont peu d'ambition. Ils arrivent cependant à leurs fins par une douce persuasion plutôt que par la force. Ils sont hésitants et se créent des problèmes en remettant des décisions à plus tard sans aucune raison valable, ce qui les entraîne dans des situations difficiles.

Le « 3 » est l'un des nombres les plus extravertis, correspondant à des personnalités intelligentes, créatives et spirituelles. Les « 3 » se font généralement des amis avec beaucoup d'aisance et réussissent tout ce qu'ils entreprennent. Ils sont fiers, ambitieux et aiment le plaisir, mais leur grande faiblesse est dans leur incapacité de prendre quoi que ce soit – idées ou personnes – au sérieux pour très longtemps.

Le « 4 », comme le « 2 », est le nombre des personnes très terre à terre en qui l'on peut avoir confiance. Il leur manque la volatilité des « 1 » ou des « 3 », mais ils compensent cela par leur impartialité et leur côté méticuleux. Ils peuvent être sujets à des rages soudaines et irrationnelles ou à des dépressions qui semblent tout à fait extraordinaires chez des personnes qui sont habituellement des modèles de calme. Les numérologues considèrent le « 4 » comme étant le traditionnel numéro de la malchance. Les « 4 » doivent généralement payer très cher pour arriver à quelque succès dans leur vie.

Le « 5 » appartient aux gens brillants, intelligents, rapides et impatients. Ils vivent continuellement sur les nerfs, aiment les rencontres et sont toujours à l'affût de nouvelles expériences. Ils ont souvent un physique attirant, mais manquent d'énergie et détestent être assujettis à une tâche. « 5 » est le nombre qui représente le sexe (ainsi que pour ceux dont les chiffres ajoutés donnent 5). Les personnes de ce nombre ont des aventures amoureuses variées et agitées, mais souvent problématiques. Parfois, leur sexualité prend une importance excessive et vire même à la perversion.

Les personnalités du « 6 » sont parmi les plus heureuses de

tout le système numérologique. Ce sont des gens tranquilles, équilibrés et qui aiment leur foyer. Ils sont affectueux, loyaux, sincères et consciencieux. Ce sont des esprits plutôt créatifs ; beaucoup réussissent dans les matières artistiques. Le mauvais côté de leur caractère est qu'ils ont plutôt tendance à être pointilleux, voire suffisants et satisfaits d'eux-mêmes.

Le « 7 » est le nombre du solitaire, du savant introspectif, du philosophe, du mystique ou de l'occultiste. Ces personnes se tiennent en marge de la société et se contentent d'observer le flot courant de la vie quotidienne. Ils sont dignes, réservés et savent se dominer. La richesse du monde ne les intéresse pas. Bien qu'ils semblent distants, ce sont des amis sur lesquels on peut compter. Malgré leur intellect puissant, ils ont souvent du mal à traduire leur pensée en paroles et peuvent même refuser la discussion s'ils sentent que l'on peut contester leurs idées.

Le « 8 » représente le succès. Les personnes de ce nombre sont souvent de bons hommes d'affaires, des hommes politiques ou des juristes. Ils ont bâti leur succès sur un énorme travail plutôt que sur leurs qualités humaines. Ils semblent parfois durs, égocentriques et âpres au gain. Mais ils peuvent cacher derrière cet extérieur peu sympathique un côté fantasque qui inspire l'affection de leur entourage.

Le « 9 » signifie un total accomplissement intellectuel et spirituel. Les « 9 » sont des idéalistes, des romantiques, des visionnaires – des poètes, des missionnaires, des médecins, des professeurs scrupuleux et de brillants scientifiques. Ils ont pour qualités principales le désintéressement, une grande discipline envers eux-mêmes et envers le but qu'ils visent. Leur idéalisme couvre le genre humain dans son ensemble. Ils aiment être remarqués, mais ce sont parfois des amis ou des amoureux volages.

Certains numérologues emploient aussi les nombres « 11 » et « 22 ». Ils représentent selon eux un plus haut niveau d'expérience que les nombres de 1 à 9. Les personnes du « 11 » ont eu des révélations mystiques ou furent des martyrs.

Ce sont souvent des personnes animées d'une grande vocation

pour leur travail : des prêtres, des médecins, des infirmières ou des professeurs. Ils préfèrent souvent les idées à la réalité.

« 22 » est le nombre « maître » : les personnalités dont le nombre est égal à 22 possèdent toutes les qualités des autres nombres à la fois.

Pourquoi devrait-on appliquer le système numérologique ? Les numérologues vous en démontreraient rapidement l'importance en vous donnant des exemples semblables à celui de Louis XIV. Il arriva sur le trône en 1643, ce qui fait 14 ; il meurt en 1715, ce qui fait également 14, comme l'âge de sa mort : 77 ans. Mais ne serait-ce pas tout simplement une coïncidence ?

Les numérologues affirment que la coïncidence n'existe pas. Selon eux, l'univers est une harpe gigantesque aux cordes innombrables, chacune vibrant à un certain rythme, caractérisé par un nombre. Ils pensent que le nombre est à la racine de toutes choses et font remarquer que la science a montré que la lumière, le son, la structure atomique et beaucoup d'autres phénomènes dépendent de la fréquence et donc des nombres.

Les numérologues ont déjà des réponses toutes prêtes aux objections qu'on pourrait leur faire : par exemple, fonder le caractère d'une personne sur un nombre peut être faux puisque le choix du prénom dépend pour une grande part des goûts et des fantaisies des parents. L'Américaine Florence Campbell explique : « L'âme a dans le passé fait de nombreux voyages et connaît ses besoins présents. L'âme veut toujours aller plus haut sur la Grande Spirale et choisit pour incarner son ego les voyelles dont le total accomplira ce but…

« Un long "cycle obscur" précède la naissance d'un enfant ; pendant ce cycle, les vibrations qui marqueront la nouvelle vie impressionnent tellement le subconscient des parents qu'ils seront obligés de mener à bien le plan. »

En d'autres termes, les numérologues soutiennent que le nom que l'on porte n'est pas un accident. Et ils affirment posséder la clé du code qui permet de trouver la signification des choses de la vie.

L'opération initiale de l'arithmétique est le dénombrement : la correspondance « 1 pour 1 » que l'on établit entre une collection d'objets et une autre, ou des marques dans la poussière, des cailloux ou les nœuds d'une corde, permet de comparer des quantités. Il faut ensuite donner un nom aux nombres, puis ranger ces derniers. Tout cela revient à compter.

Certaines ethnies de Nouvelle-Guinée, par exemple, ou des Indiens du Brésil n'ont pas de terme pour désigner un nombre supérieur à trois. Et les mots désignant les nombres qu'ils connaissent peuvent changer suivant le type d'objet que l'on dénombre.

La notion abstraite de nombre a dû être dégagée il y a longtemps. Ce fut une étape très importante. A partir de l'idée que trois arbres, trois individus ou même un ensemble constitué de trois objets différents avaient un point commun : le fait qu'il y en ait trois.

Le nombre reflétait, en quelque sorte, la réalité. Tous les ensembles à trois éléments étaient au départ intimement liés par leur aspect ternaire. Il n'est pas étonnant, alors, que le mystérieux pouvoir du concept de nombre ait inspiré une puissante tradition de pensée mystique, qui nous influence encore à présent. Elle nous vient de l'Église chrétienne du Moyen Âge, laquelle tirait son inspiration des deux plus importantes traditions intellectuelles : le pythagoricisme grec et la *gematria* hébraïque.

L'école pythagoricienne était une communauté spirituelle fondée par Pythagore dans la colonie grecque de Croton, au sud de l'Italie, vers 530 avant J.-C. Elle s'était consacrée à l'étude de la géométrie, des mathématiques, de l'astronomie et à l'expérimentation dans le domaine musical. L'école pythagoricienne étudia les variations de fréquence des sons produits par des cordes vibrantes de longueurs différentes. On lui attribue la découverte de la représentation des intervalles musicaux à l'aide de nombres rationnels (quotients de deux nombres entiers).

Cette conclusion sur la nature mathématique de la tonalité conduisit les pythagoriciens à considérer les nombres comme la clé de l'Univers. Quelle que soit l'origine de cette hypothèse, ils s'y accrochèrent avec passion pour la léguer à l'Occident.

Comme tous les Grecs, les pythagoriciens avaient une vue très géométrique des nombres : 1 était un point ; 2, une droite ; 3 un triangle, la figure plane la plus canonique ; 4, un tétraèdre (une pyramide à base triangulaire), le solide le plus élémentaire. Ces quatre nombres permettent de décrire entièrement l'espace. Les pythagoriciens les vénéraient à travers une figure symétrique nommée *tétraktus*, qu'ils considéraient comme la « source de la fontaine de la nature éternelle ».

Les nombres s'imprégnèrent de la cosmologie pythagoricienne. La Création n'était rien d'autre que le fractionnement de l'unité fondamentale. Les nombres possédaient leur propre signification. Plus généralement, les pythagoriciens estimaient que le monde était constitué d'une série de dix paires de concepts opposés, correspondant à la parité et l'imparité pour les nombres : fini/infini, droite/gauche, mâle/femelle, etc.

En hébreu comme en grec, les nombres étaient représentés par des lettres de l'alphabet, et cela peut très bien avoir favorisé le développement de la *gematria*, l'art hébraïque consistant à associer des nombres aux mots. On ajoute simplement les nombres correspondant aux lettres avec lesquelles le mot est écrit. L'idée directrice de la *gematria* résidait dans le fait que des mots ayant le même total présentaient des caractères communs, les nombres ne servant qu'à exprimer leur « essence vraie ».

Il fut tout naturel pour les premiers chrétiens de puiser dans la « numérologie » des deux grandes écoles de pensée de l'Antiquité, la grecque et la juive. Pour les chrétiens comme pour les pythagoriciens, le Bien et le masculin correspondaient aux nombres impairs. Le chiffre 1 représente la perfection, l'unité et Dieu. Le chiffre 2, le premier à s'échapper de cette perfection, désigne le diable. Les nombres impairs sont « dominants » dans l'addition (impair + pair = impair), qui décrit, au fond, l'union sexuelle. Les nombres impairs doivent être liés au sexe masculin.

La Bible, d'après les premiers théologiens chrétiens, confirme l'association du chiffre 2 avec le Mal. Lors de la Création, Dieu n'a-t-il pas négligé le deuxième jour en affirmant que « Son

Travail était bon » ? Et, avant le Déluge, les animaux impurs montèrent dans l'arche de Noé, deux par deux, alors que les animaux purs le firent par groupes de sept.

« Trois » est le premier chiffre masculin. « Un », bien que parfait, reste improductif et « deux » introduit une discorde qui ne peut être surmontée qu'en ajoutant les deux nombres pour obtenir « trois ». C'est ce symbolisme qui perce à travers la doctrine de la Trinité. Comme l'explique le mage français du XIXe siècle, Éliphas Lévi : « Si Dieu n'était qu'*Un,* il n'aurait pu être le Père et le Créateur. S'Il avait été *Deux,* une cassure se serait produite dans l'infini, synonyme de division ou de mort. Il est cependant *Trois* pour la création “par lui-même et à son image” de l'infinité des êtres et des nombres. »

« Quatre » est le nombre pythagoricien de la Terre (c'est le nombre des points définissant un tétraèdre). Il peut être solide et improductif, mais, comme l'a écrit Plutarque aux environs du Ier siècle de l'ère chrétienne, « ceux qui soutiennent le chiffre 4 nous donnent une leçon qui n'est pas sans valeur, car il faut au moins quatre points pour construire un solide ». Mais « 4 » est aussi le nombre du Mal et de la malchance, étant constitué de deux « 2 », et ce, de deux façons différentes ($4 = 2 + 2 = 2 \times 2$).

« Cinq », quant à lui, est le nombre de la sexualité masculine. Il est égal à « 2 + 3 », le premier chiffre féminin plus le premier chiffre masculin. Ainsi, en amour, c'est la femme qui est donnée à l'homme, lequel, par nature, « domine »…

« Six » est le premier nombre parfait. Il est la somme de ses diviseurs ($6 = 1 + 2 + 3$). Les nombres parfaits étaient vénérés pour leur solidité et leur harmonie. Autrefois, seuls les quatre premiers nombres parfaits étaient connus : 6, 28, 496, 8 128. Le suivant n'a pas été découvert avant le milieu du XVe siècle (33 550 336).

« Sept » est un chiffre dont l'association symbolique avec la Bible apparaît évidente. On compte sept péchés capitaux, sept vertus chrétiennes, sept suppliques dans la prière du Seigneur. Le septième jour du siège de Jéricho, Josué fit sept fois le tour des murailles de la ville et les détruisit avec le souffle de sept trompettes. Et, dans le rêve de Pharaon, interprété par Joseph, on remarque sept vaches grasses et sept vaches maigres, sept beaux épis de blé et sept secs. Dans la tradition aussi, le chiffre 7 est entouré de mystère : des propriétés magiques sont attribuées aux septièmes fils et aux septièmes fils des septièmes fils.

Depuis longtemps, on connaît les pouvoirs magiques du « 7 ». Environ 2 500 ans avant J.-C., le grand roi sumérien Lugulannemund fit ériger un temple, dans la cité d'Abab, en l'honneur de la déesse Nintu. Ce temple possédait sept portails et sept portes purifiés par le sacrifice de sept fois sept bœufs et sept moutons engraissés. On peut aisément deviner la signification d'un emploi aussi fréquent du « 7 », mais il semble qu'il soit lié aux phases de la lune, dont le cycle complet (mois lunaire) dure environ 28 jours (4 x 7). Les Anciens croyaient que les cycles de la naissance et de la mort, du développement et de la décadence étaient intimement liés à ceux de la lune (de la nouvelle lune à la pleine lune, de la pleine lune à la nouvelle lune).

Le symbolisme des chiffres 8 et 9 est en relation avec la procréation humaine. Un corps de femme possède huit « orifices », le huitième étant celui par lequel de nouvelles vies pénètrent dans le monde. « Huit » est ainsi le chiffre du succès. « Neuf » est le chiffre de la plénitude parce qu'un enfant est conçu, formé et mis au monde au bout de neuf mois.

Quelques nombres supérieurs à « 9 » avaient une signification particulière. « Douze », par exemple, est le nombre de la plénitude : on compte douze mois dans une année, douze signes du zodiaque, douze tribus perdues d'Israël et bien sûr douze disciples.

« Treize » correspond à un excès (il est le successeur d'un nombre de la plénitude). Le fait que la Cène ait réuni treize personnes renforce la crainte vis-à-vis de ce nombre. Cette appréhension est si forte que, par exemple, lors de la visite de la reine Élisabeth II en Allemagne de l'Ouest en 1965, on changea de 13 en 12 A le numéro du quai de la gare de Duisburg, d'où devait partir son train.

Un nombre, lui aussi, a des propriétés sacrées et mystiques : « 40 ». Avant le Déluge de la Genèse, la pluie tomba pendant quarante jours et quarante nuits. Moïse conversa aussi longtemps avec Dieu sur le mont Sinaï. Les enfants d'Israël marchèrent durant quarante années dans le désert et Jésus fut tenté par le Diable pendant quarante jours et quarante nuits. Depuis les temps anciens, « 40 » a eu un caractère sacré, par exemple chez les Babyloniens, où il était considéré comme *kissatum* (l'excellence). Le poète grec, Hésiode, explique, au VIIe siècle avant notre ère, que la constellation des Pléiades disparaît pendant quarante jours.

Ces étoiles jouent un grand rôle : des auteurs de l'Antiquité affirment qu'il faudrait semer en automne, lorsque les Pléiades se lèvent. D'autres peuples s'en servent pour marquer le passage d'une année. On a repéré très tôt des périodes de quarante jours (durée de la disparition des Pléiades) à des fins agricoles. Comme par exemple dans le dicton : « Une belle journée de saint Swithin (15 juillet) sera suivie de quarante jours de beau temps, tandis qu'un 15 juillet pluvieux augure de quarante jours de pluie. »

Avec de telles interprétations des nombres, la théologie chrétienne eut à sa disposition un outil puissant pour traduire le sens caché de tous les textes bibliques. A ce propos, le livre de la Révélation constitue le summum du symbolisme biblique des nombres. Écrit en vingt-deux chapitres – le nombre « maître », nombre de ce qui aurait été créé par Dieu, le nombre des lettres de l'alphabet hébreu – il est rempli d'énigmes numérologiques.

La plus célèbre est celle du nombre de la Bête, « 666 » : « Et j'étais sur le sable de la mer et vis sortir de l'eau une bête à sept têtes et dix cornes et au-dessus de ces cornes dix couronnes et au-dessus de ces têtes, le nom de blasphème… Et je vis une de ses têtes comme si elle était blessée à mort et sa blessure mortelle était cicatrisée : et tout le monde s'interrogeait à propos de la bête… Ne touchez pas à celui qui connaît le nombre de la Bête : car c'est le nombre d'un homme. Et son nombre est six cent soixante-six. »

On a émis plusieurs suppositions quant à l'identité de la Bête. On admet généralement qu'elle est une représentation de l'Empire romain et que les sept têtes symbolisent les sept empereurs. La tête blessée à mort, puis cicatrisée, évoquerait Néron, assassiné en 68. Les lettres avec lesquelles on écrit Néron en hébreu donnent un total de 666, mais seulement si on l'écrit avec un N majuscule. Autrement, le total n'est égal qu'à 616, nombre que certains manuscrits attribuent à la Bête.

L'image de la Bête du chapitre XV peut représenter Caligula, qui, en 30, fit ériger une statue de lui-même dans le Saint des Saints de Jérusalem et donna l'ordre aux Juifs de l'adorer (il mourut avant). Caius Caligula Caesar en hébreu correspond au nombre 616. En grec aussi.

Les numérologues, cependant, ne se sont pas contentés de ces simples explications, et les hypothèses concernant l'identité de la Bête ont fleuri partout. Au début du XIXe siècle, on essaya d'identifier Napoléon Bonaparte à la Bête. Thomas Macaulay, homme d'État anglais, repoussa cette hypothèse. Avec un humour très mordant, il annonça que la Chambre des communes était, à coup sûr, la Bête : « Elle comprend 658 membres, trois greffiers, un sergent, un suppléant, un huissier, un chapelain et un bibliothécaire, ce qui fait en tout 666 personnes. »

Le magicien Aleister Crowley se prenait lui-même pour la Bête : il avait, paraît-il, découvert sa véritable identité alors qu'il était encore enfant – avec « un sens de l'identité passionnément extatique ». Il signa : *LA BÊTE 666* ou, quelquefois, *LE MÉGATHÉRIUM* (la Grande Bête en grec), associé au nombre 666.

LEXIQUE

amulette : charme destiné à détourner une énergie particulière.

athanor : fourneau d'alchimiste.

bouillon du sabbat : mixture réalisée par les sorcières, le jour du sabbat, à partir de la chair de pendus, d'enfants morts, de millet noir, de grenouilles et de différentes poudres magiques.

carré magique : composé au minimum de neuf cases, il peut être rempli par des chiffres ou des lettres. En général, il sert à protéger les maisons contre l'incendie : il suffit de le graver près de la porte d'entrée. Tous les carrés magiques sont conçus selon le même principe : s'il s'agit de lettres, la lecture peut se faire horizontalement ou verticalement ; s'il s'agit de chiffres, le total de chaque ligne horizontale, verticale ou diagonale est toujours identique.

cercle magique : c'est un cercle de protection tracé par le sorcier-magicien soit avec sa baguette soit avec du charbon.

charge : puissance magique transmise à un objet.

charme : objet chargé.

conjuration : actes permettant de conjurer les maux les plus divers.

contre-envoûtement : formules et objets utilisés par le sorcier pour lutter contre un envoûtement.

dagyde : support en cire ou en argile représentant la personne sur laquelle agit l'envoûteur. On l'appelle aussi **voult.**

désenvoûtement : action consistant à déprogrammer les images mentales ou réelles utilisées par l'auteur d'un envoûtement et ayant une action néfaste sur la victime.

désenvoûteur : personne qui possède les moyens de lutter contre l'auteur d'un envoûtement.

enchantement : opération magique destinée à obtenir un changement favorable.

envoûtement : action télépsychique d'un individu (envoûteur) consistant à impressionner à distance, psychiquement ou physiquement, un autre individu (envoûté). L'envoûteur est aussi appelé « jeteur de sorts ». Le désenvoûtement se réalise par un prêtre exorciste.

envoûtement d'amour : destiné à faire tomber amoureuse une personne sans qu'elle le désire.

envoûtement de haine : destiné à faire du mal à autrui.

envoûtement d'influence : destiné à obtenir un avantage important d'une personne.

évocation démoniaque : opération faisant appel aux démons, par sortilège ou par magie.

exorcisme : action de chasser les démons d'un corps ou d'un lieu par des paroles magiques.

exorciste : personne qui réalise les exorcismes. En France, il existe 65 prêtres catholiques remplissant officiellement la fonction d'exorciste.

familier : animal avec lequel une sorcière a un lien particulier, de nature magique, censé l'aider dans certaines interventions.

formules magiques : expressions ou signes secrets utilisés par les sorciers pour faire le bien ou le mal.

grimoires : vieux livres censés contenir d'importants secrets, ainsi que divers moyens d'évoquer le diable.

incantation : ensemble de mots permettant d'envoûter ou d'enchanter.

invocation : prière destinée à demander aux puissances magiques de se manifester.

leveur de sorts : sorcier possédant le pouvoir de s'opposer à un envoûteur.

magie : ensemble de techniques permettant de maîtriser les forces occultes ou surnaturelles.

magie blanche : magie officielle respectant l'ordre établi.

magie noire : magie secrète s'opposant à l'ordre établi (voir **sorcellerie**).

maléfice : sortilège visant à nuire à quelqu'un.

mascaron : masque sculpté décorant un portail ou une fontaine.

mauvais œil : apporté par une personne possédant le pouvoir d'envoûter à l'aide de son regard.

messe noire : cérémonie dédiée à Belzébuth, se décomposant en trois parties : le reniement du catholicisme, le sacrifice sanglant sur le corps nu d'une femme et l'orgie finale.

numérologie : art divinatoire fondé sur l'étude des nombres.

pacte diabolique : action de vendre son âme au diable.

pentacle : talisman dont le symbole principal se présente sous une forme géométrique à cinq côtés (du grec *penta* = cinq).

phylactère : talisman se portant généralement autour du cou et comportant uniquement une formule écrite. Le phylactère le plus célèbre est celui comportant la formule *Abracadabra* signifiant : *Ô Seigneur, envoie ta foudre jusqu'à la mort.*

possession : action télépsychique dans laquelle se trouve un individu sous l'emprise d'une autre personne vivant en état de dédoublement dans son corps physique.

poudre de succession : nom donné à un poison, souvent à base de cyanure, que composaient certaines sorcières pour de jolies femmes, afin de leur permettre de supprimer leur mari... et d'obtenir leurs biens par succession.

prières mystérieuses : formules conjuratoires destinées à soulager toutes sortes de douleurs.

pythonisse : femme douée du don de voyance.

sabbat : cérémonie démoniaque des sorciers.

salamandre humaine : personne censée résister, comme les batraciens du même nom, à de très fortes températures.

sorcellerie : actes magiques accordant une grande place aux pratiques secrètes, interdites ou effrayantes.

sorcier : personne pratiquant la sorcellerie.

sort : effet magique néfaste attaché à une personne et qui résulte de certaines opérations de sorcellerie.

sortilège : artifice de sorcier.

sylphe : génie de l'air des mythologies celte et germanique.

talisman : charme destiné à attirer une énergie particulière.

thaumaturge : personne qui fait ou prétend faire des miracles.

thyrse : emblème de Dionysos (dieu grec du vin appelé Bacchus chez les Romains) consistant en un bâton entouré de feuilles de lierre ou de vigne et surmonté d'une pomme de pin.

toadmen : corporation de charretiers du Norfolk (Grande-Bretagne), dont le nom signifie « hommes aux crapauds », pratiquant des rituels avec des cadavres de ces animaux.

vénéfice : empoisonnement par sorcellerie.

voult : voir **dagyde.**